처음 하는
브랜딩 공부

처음 하는 브랜딩 공부

작고 강한 브랜드를 만드는 절대 불변의 27가지 법칙

권정훈(장사 권프로)·김도현 지음

라곰

차가운 머리로
뜨거운 가슴을 움직이는 것

우리가 이 일을 시작하고 가장 많이 들었던 질문이 있다. "브랜딩이 뭐예요?" 그럴 때마다 대답하기가 참 난처했다. 브랜딩 전문가라고 하면서도 정작 브랜딩이 뭔지 명쾌하게 설명하지 못하는 게 우스웠다. 책을 찾아봐도, 강의를 들어도 전부 거창한 이론과 빅 브랜드의 화려한 성공 사례들뿐이었다.

그러다 깨달았다. 브랜딩은 어렵지 않다는 걸. 다만 우리가 너무 어렵게 생각했을 뿐이라는 걸.

이 책은 책상 위에서 만들어진 이론서가 아니다. 매일 기름 냄새가 가득한 주방, 정신없이 돌아가는 매장, 공사 현장의 먼지 속에서 어떻게든 살아남기 위해 고민하고 실행해온 현장의 기록이다. 외식업이라는 전쟁터 한복판에서 브랜드를 살리기 위해 실제로 부딪히며 선택해온 이야기다.

현장에서 일하는 사람의 눈높이에서 지금 당장 내 가게에 적용할 수 있는 생각과 판단의 기준을 이야기하고 싶었다. 오늘도 이번 달 임대료를 계산하고, 인건비와 원가 사이에서 고민하며, 내일 장사를 걱정하는 이들을 위한 책을 쓰고 싶었다. 그래서 정답을 제시하기보다는 작은 브랜드부터 대기업까지 다양한 프로젝트를 진행하며 실제로 고민했던 과정과 선택의 이유를 그대로 담았다.

사람들은 브랜딩 컨설팅을 받으면 뭔가 대단한 답을 얻는 줄 안다. 하지만 결국 직접 부딪히고, 실패하고, 다시 시도하면서 찾아낸 답들이 가장 명확하다. 즉 마법 같은 브랜딩 노하우가 있다는 말은 새빨간 거짓말이다. 단지 여러 가지 요소들이 동시에 작용했을 때 그리고 꾸준히 이어졌을 때 브랜드가 완성되는 것이다.

이 책에는 그런 경험들이 담겨 있다. 우리가 실제로 진행했던 프로젝트들, 클라이언트들과 함께 고민했던 문제들 그리고 그 과정에서 발견한 브랜딩의 본질. 화려한 성공 스토리가 아니라 현장에서 부딪히며 배운 현실적인 이야기들이다.

작은 브랜드일수록 사소한 요소 하나가 큰 차이를 만든다. 브랜드 이름을 어떤 의미와 사업성을 가지고 만들지, 메뉴를 어떤 감성으로 설명하는지, 익숙한 경험 속에 어떤 의외성을 심어두는지에 따라 가게의 인상이 달라진다. 우리는 그런 변화를 현장에서 수없이 확인해왔다.

브랜드가 대체 뭔지, 왜 필요한지, 어떻게 적용하는지. 이 책은 그 질문들에 대한 우리만의 답이다. 이론이 아니라 실전에서 작은 브랜드의 시선으로 바라본 브랜딩 이야기다.

브랜딩은 차가운 머리로 전략을 짜되, 결국 뜨거운 가슴으로 사람의 감정을 움직이는 일이다. 이 책이 여러분의 현장에서 생각을 정리하는 기준이 되고, 흔들리는 순간 다시 중심을 잡을 수 있는 참고서가 되기를 바란다.

처음 브랜드를 고민하는 사람들에게 이 책이 조금이나마 도움이 되면 좋겠다. 우리가 몇 년간 헤매며 찾았던 답들을 여러분은 조금 더 빨리 찾을 수 있기를, 브랜딩이라는 게 생각보다 어렵지 않다는 걸 그리고 여러분도 충분히 할 수 있다는 걸 이 책을 통해 느낄 수 있기를 바란다.

2026년 4월

B2K 브랜딩 대표 권정훈, 김도현

1부 브랜드의 본질 Brand Essence

브랜드란 무엇이며, 어떻게 작동하는가

브랜드의 본질
Brand Essence

브랜드란 무엇이며,
어떻게 작동하는가

스토리

작은 브랜드일수록 중요한 한 가지

브랜딩의 기본은 스토리다. 그런데 좀 낯설기도 하다. 실제로 스토리가 브랜딩에 큰 힘이 된다고 하면 다들 고개를 갸우뚱한다. 이유는 우리가 흔히 아는 대기업들조차도 그들의 스토리를 모르고 제품을 이용하는 경우가 많기 때문이다.

한번 떠올려보자. 삼성은 어떤 스토리를 가지고 있나. 현대를 비롯한 다른 대기업들의 스토리도 모두 알고 있나. 그렇다. 전혀 알지 못한다. 그냥 신뢰하고 믿으니까 제품을 사는 것뿐이다.

스토리는 오히려 작은 브랜드일수록 더욱더 강력한 힘을 갖는다.

혹시 이런 경험이 있는가? 무심코 클릭한 게시물을 읽다가 어떤 브랜드를 알게 되고 평소에 필요성을 느끼던 제품이어서 가볍게 구매해본 경험.

최근 나도 이런 경험을 했다. 사실 나는 운동 직후 먹어야 되는 음식이 있는 줄은 몰랐다. 그러다 우연히 한 게시물을 보게 되었다. 나와 같은 생각을 했던 사람이 운동 직후 먹어야 하는 단백질에 대해 알려주는 게시물이었다. 호기심에 읽다가 그가 판매하는 프로틴을 알게 되었고 구매까지 했다. 그러곤 지금까지 해당 프로틴을 먹고 있다.

스토리는 뇌의 시뮬레이션 시스템을 활성화시킨다. 무슨 말이냐고? 인간의 뇌는 '사실'과 '가정'을 구분하지 못한다는 뜻이다. 모두 뇌의 거울 뉴런 때문이다. 거울 뉴런이 활성화되면 다른 사람의 행동이나 감정을 관찰할 때 마치 내가 그 행동을 하거나 감정을 경험하는 것처럼 뇌가 느낀다. 스토리를 들을 때도 마찬가지다.

내가 우연히 프로틴을 구매해서 아직까지 이용하고 있는 것도 그렇다. 나와 똑같은 고민을 가진 사람이 개발하고 먹으면서 근육량이 늘어났다는 이야기를 듣다 보니 마치 내가 직접 경험한 것 같아서 구매까지 했던 것이다. 게다가 그 사람은 내가 가입한 카페에 글을 자주 남기는 사람이기도 했다. 즉 신뢰도 있었기에 자연스럽게 주문까지 이어진 것이다.

스토리는 감정을 자극하기도 한다. 단순히 정보를 들려주는 제품은 머리로만 전달된다. 하지만 스토리는 가슴으로 전달된다. 감정이 개입된 정보는 기억에 오래 남고 행동까지 끌어낼 가능성이 높다.

예를 들면, 화장품 판매자가 '이걸 바르면 첫사랑이 다시 찾아올지도 몰라!'라는 스토리를 부여했다고 하자. 논리적이지도 않고 감정을 자극할 만큼 매력적이지도 않지만 아주 심플한 스토리이기에 훨씬 강렬한 느낌을 준다. 화장품의 상세 원료를 써놓는 것보다 감정이 더 잘 전달되기 때문이다.

요즘 많이 언급되는 도파민도 스토리와 관계가 깊다. 기본적으로 도파민이 발산되는 것은 기대와 보상 때문이다. 담배를 피우기 전부터, 술을 마시기 전부터 기대감에 도파민이 나온다. 게임을 하기 전 PC방에 가면서부터 도파민이 나오는 것이다. 여행도 마찬가지다. 데이트를 하러 갈 때도 도파민은 자연스럽게 나온다. 스토리에도 이런 기대가 숨겨져 있다. '이걸 내가 사용하면 저렇게 되려나?' 하는 기대감이.

스토리는 감정과 호르몬 외에도 권위에 의해 힘이 커지기도 한다. 스토리라고 하면 다들 브랜드의 역사, 왜 이 브랜드를 만들게 되었는지에 대한 이야기라 생각하는데 꼭 그것만이 스토리는 아니다.

예를 들면, '이 운동화는 NBA 선수 18명이 선택한 운동화입니다'라는 스토리 하나만으로도 권위를 갖게 된다. NBA 선수들이라고 하면 세계에서 농구를 가장 잘하는 사람들이다. 그런 사람들 가운데 18명이 선택했다고 하면 일반인 입장에서는 농구를 하지 않음에도 해당 신발을 신으면 농구선수가 된 것 같은 느낌을 받는다. 브랜드의 탄생 스토리가 아니라 '권위가 숨겨져 있는 실시간 스토리'인 셈이다.

앞서 대기업보다는 작은 브랜드에 오히려 스토리가 더 중요하다고 했다. 대기업은 스토리로 구매하기보다는 이미 신뢰하기 때문에 믿고 구매하는 경우가 많다. 즉 감정적 구매보다는 논리적 구매가 많은 것이다.

작은 브랜드는 감정적 구매에 좀더 힘을 싣는 것이 좋다. 물론 업종마다 차이는 있지만 논리적 구매와 감정적 구매 중 선택하라고 하면 감정적 구매인 것이다.

제주도에 있는 '우무(Umu)'는 제주 해녀가 채취한 우뭇가사리를 주재료로 푸딩을 만드는 제주 로컬 브랜드다. 젤라틴(동물성 재료를 가공한 것이다) 같은 일반적인 응고제 대신 제주 해녀가 물질로 직접 채취한 우뭇가사리만을 사용한다. 공장에서 만든 재료가 아니라 제주 바다에서 해녀의 손으로 건진 재료로 만든 푸딩. 이 이야기만 들어도 '어? 먹어보고 싶은데?'라는 생각이 들지 않는가. 이게 바로 스토리의 감정적 힘이다.

우무를 기획한 신동선·박지훈 대표는 동호회에서 만나 제주도로 이주하고 해녀 문화를 배우며 우뭇가사리에 주목했다. 신 대표의 뛰어난 미각으로 다양한 재료를 활용해 메뉴를 개발하고, 일본 여행에서 얻은 영감을 바탕으로 장인 정신 콘셉트의 매장을 오픈했다. 제품 개발에만 1년이 걸렸다. 친근한 이미지를 위해 눈, 코, 입이 있는 캐릭터를 개발하고 인스타그램을 통해 이런 감성들을 계속 전달했다.

특히 주목할 점은 손님들에게 제주의 자연을 보여주기 위해 좌석을 비치하지 않고 테이크아웃 전문점으로 운영한다는 것이다. 푸딩을 사서 밖으로 나가 제주의 바다와 오름을 보며 먹으라는 의미다. 2호점에서는 제주도 지도를 함께 제공하여 "이 푸딩을 들고 제주 어디든 가 보세요"라는 메시지를 전한다. 단순히 푸딩을 파는 것이 아니라 제주를 경험하는 방법을 제안하는 것. 이것이 우무의 스토리를 더욱 강력하게 만든다.

제주 해녀가 채취한 우뭇가사리로 직접 오랫동안 끓여 만든 수제 푸딩. 해당 스토리를 알고 우무의 푸딩을 먹은 사람들은 맛있다고 느낄 수밖에 없다. 재료의 신선도나 브랜드의 탄생 배경을 알고 있기 때문이다.

강남의 '연탄김평선'이라는 고깃집도 스토리가 돋보이는 브랜드다. 정광재 대표는 이미 프랜차이즈 고깃집을 운영하고 있지만 매장을 하나 더 오픈하고 싶었다. 그에게는 이미 고깃집을 운영하며 동네 손님들과 스스럼없이 지내는 친화력이라는 장점이 있었다. 거기에 더해 화려함보다는 편안함을 추구하는 그의 성향까지 고려하면, 직장인들이 퇴근 후 편하게 찾을 수 있는 동네 맛집 콘셉트가 딱 맞았다. 그래서 다양한 상권을 찾다가 강남 상권으로 결정했다. 자본력의 한계가 있었기 때문에 골목길로 들어갈 수밖에 없었지만 오히려 해당 골목길은 좋은 기회가 되었다. 수십 명이 떼 지어 나와 담배를 피우는 골목, 일명 '흡연 골목'으로 불리는 이곳의 입지는 그야말로 직장인들의 천국이다.

연탄김평선은 입지 선정 때부터 스토리를 고민했고 정광재 대표는 소박한 고향인 김제에서 그 답을 찾았다. 드넓은 지평선을 보며 맛있게 먹던 향토적인 식재료들. 그렇게 김평선이라는 이름이 탄생했다. 김평선은 그의 어린 시절 '김'제 지'평선'에서 따온 것이다. 여기에 연탄을 이어 붙여 '연탄김평선'으로 네이밍했다. 연탄으로 고기를 구우면 은은한 불에 고기 맛이 좋아진다. 다만 굽기가 불편할 뿐이다. 연탄구이의 장점을 최대한 부각시키기 위해서 '불타는 연탄 없이 완벽한 고기는 없다'라는 스토리를 부여했다.

동시에 효율성 향상에도 무게를 실었다. 45평, 18테이블, 72석에서 그릴링을 해주려면 최소 일곱 명 이상의 인원이 필요하지만 세 명이면 가능한 구조로 만들었다. 비밀은 '연탄구이'라는 스토리에 있다. 손님들은 연탄구이라는 스토리에 매력을 느끼면서도 연탄불에 직접 구워 먹는 것에는 거부감을 느낄 수 있다. 그렇다고 연탄구이를 테이블마다 그릴링해줄 수도 없다. 그래서 초벌실에서 거의 완벌을 해준다. 하지만 연탄이라는 스토리는 손님들에게 보여줘야 하기에 투명창으로 초벌하는 과정을 노출한다. 이렇게 '대신 구워주는 집'이라는 스토리를 한 번 더 입힘으로써 스토리는 스토리대로 살리면서 효율성을 가져갔다. 그렇게 손님과 업주 모두 만족하는 브랜드가 탄생했다.

강원도 원주에 있는 '깨 로스터리 옥희방앗간' 역시 스토리가 뛰어난 브랜드다. 이미 이름에서부터 스토리가 느껴지는 이곳은 가족의 유산과 전통의 현대화를 이룬 곳이다. 할아버지로부터 이어온 30년 된 방앗간을 현대적으로 재해석하고 어머니의 이름 '옥희'를 브랜드명에 사용하여 가족의 정신을 계승했다.

여기에 강원도 들깨와 참깨를 주재료로 사용하여 스토리에 지역성을 더했다. 커피 원두에 쓰는 로스팅이라는 말을 깨에 활용하여 '깨 로스터리'라는 새로운 개념을 도입한 것도 스토리의 한 축이다. 더군다나 '옥희'라는 캐릭터에 용감한 소녀라는 인격을 부여하여 브랜드 정체성을 사람으로 표현했다. 이름에서부터 남다른 브랜드.

신경과학 연구에 따르면, 스토리를 들을 때 우리 뇌의 여러 영역이

동시에 활성화되며, 특히 옥시토신이라는 '신뢰 호르몬'의 분비가 증가한다고 한다. 스토리는 브랜드가 고객과 신뢰를 쌓아가는 강력한 무기인 셈이다. 큰 브랜드보다는 작은 브랜드, 오래된 브랜드보다는 신규 브랜드가 스토리를 활용하기에 유리하다는 말은 굳이 하지 않아도 될 것이다.

작은 것들의 소중함

김춘수 시인의 시 〈꽃〉에서 "내가 그의 이름을 불러주었을 때 그는 나에게로 와서 꽃이 되었다"는 구절은 시구의 아름다움을 넘어 삶의 본질을 찌른다. 존재는 이름으로 불리고, 그 순간 비로소 생명과 의미를 얻는다. 브랜드 역시 마찬가지다. 브랜드의 이름은 간판에 적는 글자로 끝나는 것이 아니라 존재를 각인시키는 가장 강력한 방법이 된다.

우리는 매일 수많은 이름을 부른다. 친구의 이름, 가족의 이름, 좋아하는 가수의 이름 그리고 자주 가는 가게의 이름. 가게의 이름을 부르는 순간 머릿속에는 어떤 장면이 함께 떠오른다. 분식집에서 김이 피어오르는 떡볶이, 숯불 위에 올린 고기의 지글거림, 뜨거운 철판에서 야채곱창을 쉼 없이 볶는 손목의 리듬.

이름은 단순한 글자 조합이 아니라 기억을 여는 스위치다. 그래서 이름은 간판에 박는 단순한 표식이 아니라 고객의 머릿속에 브랜드의 존재를 새겨 넣는 조각칼이다. 누군가의 이름을 불러주면 그가 나에게로 와서 꽃이 되듯, 브랜드도 이름이 불리는 순간 사람들의 기억 속에서 하나의 장면으로 피어난다. 이 원리를 나는 '존재호명의 법칙'이라 부른다.

외식업 현장에서 상담을 하다 보면 이런 말을 자주 듣는다. "우리 가게는 특별한 게 없어요. 그냥 열심히 값싸게, 양 많이 드리는 것밖에는요." 그런데 안으로 들어가 보면 전혀 다른 풍경이 펼쳐진다.

연천의 한 생선구이집은 새벽마다 텃밭에서 채소를 따와 밥상을 차리고, 울산의 작은 메밀국숫집은 단무지까지 직접 담근다. 사장님들에게는 당연한 일상이지만 사실은 아무나 못 하는 고집과 정성이다. 그저 그 특별함에 이름이 없을 뿐이다. 이름이 붙지 않은 특별함은 고객의 기억에 존재하지 않는 것과 같다.

이름은 감정을 부른다. 어디어디 곰탕집이라고 하면 그저 국물 한 그릇이 떠오르지만 '하루 종일 곰탕집'이라고 부르는 순간 풍경이 달라진다. 하루 종일 솥 앞을 지키는 주인의 뒷모습, 뽀얀 김, 눅진한 고기 냄새, 국자를 젓는 손목의 박자. 그렇다면 평범한 지역명을 앞세운 '○○두붓집'과 '백설 두붓집'은? 전자에는 큰 감정이 담기지 않겠지만 후자는 백설기처럼 희고 단단한 질감과 눈처럼 깨끗한 색감과 동시에 정직하게 만든 음식이라는 믿음을 불러낸다. 그저 의미를 담은 이름으로 불렀을 뿐인데 우리는 이미 맛의 느낌과 주인의 태도까지 상상한다.

고객이 이름으로 브랜드를 기억하고 그 이름에 감정이 붙어야 비로소 브랜드가 고객의 마음속에 오래 남는다. 이 '존재호명'이 실제로 어떻게 작동하는지 나는 여러 번 보았다. 방치되어 있던 공간이 하나의 멋진 브랜드가 되는 순간을 몇 차례 경험했다. 이름을 붙여주기 전까지는 그저 평범하고 당연한 공간이지만 이름이 불리는 순간 전혀 다른 존재로 살아났다.

'옥상별관'이 그랬다. 원래 그곳은 특별할 게 없는 그저 옥상이었다. 건물에 상주하는 사람들과 직원들이 담배를 피우거나 바람을 쐬러 잠깐 들르는 장소. 누구도 주목하지 않고 수익과도 거리가 먼 유휴 공간이었다. 그런데 기획자는 이 옥상이 가진 조건, 즉 앞쪽에 높은 건물이 없어 시야가 탁 트여 있다는 사실에 주목했다. 도시 한가운데서 새로운 시도를 펼치기에 더없이 좋은 무대였던 것이다.

우리는 이 옥상을 단순한 루프톱 카페나 바로 만들지 않았다. 객단가가 높은 삼겹살을 다루되, 흔한 고깃집이 아니라 도심 속의 캠핑장 같은 차별화된 콘셉트로 설계했다. 손님은 평범한 식사를 하러 오는 것이 아니라 빌딩 숲 사이에서 특별한 저녁을 경험하러 온다. 바로 이 지점에서 옥상별관이라는 이름이 힘을 발휘한다.

'옥상'이라는 단어는 그 자체로 풍경과 감정을 불러낸다. 탁 트인 시야, 밤공기, 도시의 불빛, 친구들과 둘러앉아 술잔을 부딪치는 장면. 이름 속에 담긴 개방감과 해방감이 이미 고객의 머릿속에서 장면을 만들어낸다. 옥상이라는 단어를 들었을 때 자동으로 떠오르는 심상과 기대감이 브랜드를 선택하는 첫 동력이 된다.

'별관'이라는 단어는 또 다른 상상을 만들어낸다. 본 건물에서 조금 떨어져 있는, 부속된 듯한 엑스트라 공간. 원래는 버려졌던 옥상을 업사이클링해 새로운 가치를 부여했다는 스토리가 이 단어에 함축돼 있다. 평범한 옥상이 별도의 장소로 승격되는 순간 손님은 이곳을 '숨은 공간이 특별하게 변신한 곳'으로 인식한다. 결국 별관이라는 이름은 버려진 것을 되살린 기획자의 태도와 공간의 정체성을 동시에 드러내는 장치가 된다.

실제로 옥상별관은 이름 하나로 손님의 상상력을 자극했다. 대대적인 광고 없이도 옥상이라는 말의 힘과 별관이라는 이야기가 결합되어 입소문이 났다. 도심 속에서 캠핑 분위기를 느낄 수 있다는 감성은 차별성을 키웠고 적은 비용으로 시작해 반응을 확인한 뒤 점차 확장해가는 전략도 효과적이었다. 이름이 주는 기대와 공간이 주는 경험이 서로를 밀어주며 상승효과를 만든 것이다.

이 사례가 보여주는 바는 분명하다. 자신의 자산을 별 볼 일 없는 평범함으로 치부하지 않고 장점으로 승화시킬 때 이름은 단순한 호칭을 넘어 전략이 되고 설계가 된다. 옥상이라는 단어로 사람들의 감각과 풍경을 불러내고, 별관이라는 단어로 공간에 스토리와 정체성을 덧씌웠다.

존재호명의 법칙이 바로 이런 순간에 드러난다. 버려진 옥상이 이름을 얻고, 그 이름이 고객의 감정을 움직이고, 마침내 브랜드에 생명력이 생긴다. 어울리는 이름을 불러주는 순간 평범했던 공간은 특별한 장소로 기억된다.

여기서도 주의할 점이 있다. 무턱대고 그럴듯한 이름만 붙여서는 안 된다는 것이다. 한때 전국 곳곳에서 '청년'과 '열정'의 이름을 달고 시작되었던 관공서 주도 사업들은 초반에 큰 관심을 모았다. 그러나 늘 비슷한 이름과 전략은 개별 가게만의 이야기를 특별한 요소로 만들지 못했다. 공간에 제대로 담아내지도 못했다. 결국 많은 가게가 기억되지 못했고 휴업과 폐업이 이어졌다.

유행처럼 번진 연어 무한리필도 비슷했다. '연어 무한○○', '연어 ○○리필' 같은 이름으로는 서로 구별되지 않았다. 소비자들의 취향이 바뀌자 모든 가게가 위기에 처했다. 같은 이름을 서로 크게 외치다 보니 어느새 아무의 이름도 되지 못했다.

글로벌 브랜드도 예외는 아니다. 북미에서 국민 커피라 불리는 팀 홀튼은 한국에서 이름의 정서와 이야기를 제대로 전달하지 못했다. 현지의 취향과 경쟁 구도를 섬세하게 읽지 못했고, 이름이 불러내야 할 친근감도 만들지 못했다. 캐나다에서 유명한 커피라는 이유 외에 왜 캐나다 본토에서 판매하는 가격의 약 두 배에 달하는 가격에 그 커피를 마셔야 하는지 이해시키지 못한 것이다. 좋은 브랜드라도 이름과 경험의 연결이 느슨하면 새로운 시장에서 자리를 지키기 어렵다.

존재호명의 법칙이 말하는 핵심은 '평범한 사람의 일상적 노력일수록 아름답다는 것'이다. 포장만 번지르르한 멋진 척하는 이름들보다 당신이 매일 해온 평범한 수고로움이 더 빛나는 이름이다. 반복의 정직함을 이름으로 불러내어 높은 값어치를 갖게 하는 일. 그리고 그 진심을 고객에게 닿게 하는 일. 이름은 그 길을 여는 문이다.

그렇다면 어떤 이름을 붙여야 할까? 이름은 정체성을 만들고, 정체성은 장면을 낳고, 장면은 감정을 부른다. 감정은 관계를 만들고, 관계는 충성도를 만든다. 모든 출발점은 이름이다. 그리고 이 전체 흐름의 핵심은 화려한 문장이나 외국어가 아니라 일상의 평범한 수고 한 가지를 하나의 이름으로 바꾸는 일이다. 고객이 이름만 들어도 매력을 느끼고, 제품 만드는 사람의 정성을 상상할 수 있어야 한다.

그러면 어떻게 이름 붙일 이야깃거리를 찾을 수 있을까?

첫째, 시선을 돌려 숨은 자산을 찾는다. 자신이 해온 수많은 노력을 대수롭지 않게 여기지 말고 일일이 적어본다. 가령 매일 아침 시장에서 채소를 직접 골라 사온다면 그 한 줄이 곧 스토리의 씨앗이 된다. 이 씨앗을 '오늘 장 봐온 채소로 차리는 나물 밥상'처럼 이름과 문장으로 전환해보라. 튀김기의 기름을 하루에 두 번 반드시 교체한다면 '하루 두 번 새 기름'을, 반죽을 최소 48시간 숙성한다면 '이틀 숙성 자가제면'과 같이 시간의 두께를 전면에 내세워라. 이런 것들이 바로 나만의 보석이 된다.

둘째, 새롭게 발견한 장점의 본질을 분해하고 다시 조립한다. 어떤 습관이 생긴 이유, 그 습관을 지키지 않으면 생기는 문제, 손님이 그것을 체감하는 순간을 구체적으로 정리한다. 여기에서 장인의 강박이 힘을 발휘한다. 다른 사람이 사 온 채소는 믿지 못하는 한식집 사장, 기름 냄새를 참지 못하는 치킨집 사장, 덜 숙성돼 간이 배지 않은 생면의 탱

탱거림을 싫어하는 자가제면집 사장처럼. 이 집요함을 부정적 강박이 아닌 장인의 긍정적 강박으로 설명하면 브랜드가 된다. 왜 매일 같은 행동을 되풀이하는지, 무엇을 위해 시간을 더 들이는지, 그 이유가 곧 브랜드의 심장이다.

셋째, 이름은 쉽고 구체적이어야 한다. 멋있어 보이는 외국어보다 특정 장면이 떠오르는 쉬운 말이 낫다. 발음이 쉽고, 입에 잘 붙고, 한 번 부르면 다시 부르고 싶어지는 리듬이 있어야 한다. 아무리 좋은 의미를 담아도 입안에서 어색한 이름은 각인되기 어렵다.

넷째, 일회성 이벤트보다 매일 반복 가능한 노력을 소재로 골라라. 오늘만 가능한 약속은 내일의 실망이 된다. 반대로 매일 지킬 수 있는 작은 약속은 브랜드의 신뢰를 만든다.

마지막으로, 구체적 경험으로 메시지를 각인시켜라. 오픈 키친으로 손질하는 모습을 보여주고, 메인 식재료의 산지에서 생산자와 함께 찍은 사진을 매장에 걸어두어라. 밤새 가마솥 앞을 지키는 모습을 담아 사이니지로 디자인하고, 방문한 고객이 시각적으로 보고 느낄 수 있게 하나의 장면으로 구성하라. 메뉴판에 이름의 배경을 짧게 넣고, SNS에는 하루의 루틴을 꾸준히 올려라. "오늘도 기름을 갈았다." "오늘도 새벽 시장에서 채소를 골랐다." "오늘도 100그릇 팔았습니다." 이런 꾸준한 기록은 그 어떤 광고 문구보다 강력하다. 충주 수안보에는 '수안보대장군'이라는 꿩요리 전문점이 있다. 이곳의 대표님은 매일매일 SNS(스레드)에 우리나라에서 직접 키운 꿩을 새벽마다 잡아 요리해주는 곳은 자신의 식당뿐이라는 것을 강조하면서 자신의 일을 성실하게 해나가는 모습을 실시간으로 포스팅한다. 이를 보는 많은 사람의 뇌리에 그 포스팅 하나하나가 지속적으로 각인되고 이어 붙여지면서 사람들은 그 대표님의 하루를 하나의 이야기로 기억한다. 그러면 음식은 가격이 아니라 가치로 팔리게 된다. 손님은 그 집의 맛만 사는 것이 아니라 음식이 내 앞에 놓이기까지의 시간도 함께 사게 된다.

유행은 늘 빠르게 흘러간다. 그에 따라 외식업도 빠르고 치열하게 변한다. 온 국민 AI 활용 시대에 그럴듯한 말과 미사여구가 넘쳐나고 많은 사람이 거기 현혹되기도 한다. 그러나 결국 살아남는 것은 변함없이 소중한 것을 꿋꿋이 지키는 이들의 정성이다. 꾸준히 시간 들여 정직한 손길로 만들어내어 내 삶을 조금 더 따뜻하게 해주는 한 그릇. 존재호명의 법칙은 미사여구의 범람 속에서도 소소하지만 큰일을 꾸준히 해내고 있는 평범한 주방, 평범한 매장의 영웅들에게 건네는 메시지다.

당신들은 이미 멋진 일을 해내고 있다. 당신들의 평범한 모습과 노력을 높은 값어치로 인정받게 하고, 그 진심을 고객에게 닿게 하라. 당신이 계속 지키고 있고 앞으로도 지킬 수 있는 평범한 수고 한 가지를 골라 시각적 장면으로 바꾸고 이름을 붙여라. 나머지는 시간과 반복이 해낸다.

사람들은 어떻게 기억하는가

사람들은 매장을 '느낌'으로 기억하지 않는다. 정확히 말하면 느낌만으로는 기억하지 못한다. 기억은 항상 '인지된 것'을 중심으로 남는다.

어떤 매장을 떠올릴 때 "그냥 좋았어"는 오래가지 않는다. 대신 "거기 말이야, 거기 산나물 반찬 많은 데", "거기, 가족이 운영하는 데 있잖아. 아버지가 농사짓고 아들이 장사하고"처럼 말로 설명할 수 있는 무언가가 있어야 비로소 기억은 고정된다. 기억이 고정된다는 것은 곧 그 매장이 입소문 탈 준비가 되었다는 뜻이다.

사람들이 어떤 매장을 다른 사람에게 소개할 수 있다는 것은 결국 그 매장을 자기 언어로 설명할 수 있다는 뜻이다. 반대로 말하면, 설명할 수 없는 매장은 떠올릴 수도 없고, 당연히 추천되지도 않는다. 그래서 장사의 본질은 '기억되는가'보다는 '설명 가능한가'에 더 가깝다. 설명이 가능한 순간 그 매장은 브랜딩되었다고 할 수 있다.

문제는 손님이 어떤 유형의 '인지형 인간'인지 매장은 모른다는 것이다. 어떤 사람은 말로 들을 때, 어떤 사람은 글로 읽을 때, 어떤 사람은 영상으로 시청할 때, 어떤 사람은 공간의 표식을 볼 때 기억을 가장 잘한다. 그래서 매장은 하나의 인지 방식에만 의존해서는 안 된다. 최대한 많은 인지 포인트를 동시에 뿌려두어야 한다. 말로 설명하고, 글로 적어주고, 메뉴판에 넣고, 포스터로 걸고, 사이니지로 남기고, 경우에 따라서는 영상과 사진으로도 반복하라는 말이다.

이 모든 설계의 목적은 단 하나다. 손님 머릿속에 '정리된 문장 하나'를 남기는 것. 그 문장 하나가 있어야 사람들은 이 매장을 타인에게 설명할 수 있다. 사람들은 이야기를 듣는 것도 좋아하지만 자신이 이야기하는 것도 좋아한다. 설명할 수 없는 경험은 경험으로 끝나지만 설명 가능한 경험은 소문이 된다.

이것이 바로 '인지선점의 법칙'이 작동하는 방식이다. 먼저 사람들의 머릿속에 인지를 심고, 그 인지가 말로 번역되도록 설계하고, 그 말이 다시 새로운 손님을 데려오게 만드는 구조. 브랜드가 해야 할 일은 기억해달라고 애원하는 것이 아니라 사람들이 말할 수밖에 없는 요소를 먼저 만들어놓는 것이다. 사람들이 얘기하는 브랜드는 원래부터 그들이 얘기할 수밖에 없도록 설계된 브랜드다.

인지선점의 법칙이 현장에서 작동하는 방식은 단순하다. 손님이 매장을 느끼게 만드는 것이 아니라 '말할 수 있게' 만드는 것.

사람들은 기억보다 말을 먼저 꺼낸다. 그리고 사람의 기억은 대부분 말로 정리된 것만 남는다. 그래서 어떤 매장은 다녀와도 딱히 할 말이 없는 반면 어떤 매장은 매장을 나오는 순간부터 이야기할 게 쏟아진다. 이 차이는 우연이 아니라 설계에 달려 있다.

동두천의 '뗏마루'는 매장에 들어서는 순간부터 인지할 거리가 넘쳐난다. 벽면에는 가족사진이 가득 붙어 있다. 농사짓는 아버지의 사진, 웃고 있는 아들의 사진, 모든 가족이 모인 단체사진까지. 이 공간은 생선구이집이기 전에 '가족이 운영하는 집'이라는 메시지를 먼저 던진다. 심지어 실제로 아버지가 수확한 쌀을 매장에서 포대째 판매한다.

가격은 시중보다 싸다. 그래서인지 10포, 15포씩 나가는 날도 있다. 손님은 여기서 생선만 먹고 가는 게 아니라 가족의 이야기를 하나 더 알고 나간다. 그래서 이 집은 이렇게 묘사된다. "거기 가족사진 붙어 있는 생선구이집 있잖아”, “아버지가 농사지은 쌀 파는 집”, “화덕 말고 참숯으로 굽는 집”. 이 모든 묘사에는 매장이 손님에게 먼저 ‘인지하게 만든 포인트’가 담겼다.

입구에 붙은 문구도 같은 맥락이다. “시장하시죠? 밥 차려놨어요”, “와서 밥 먹고 가요” 등과 같이 마치 할머니가 말을 거는 듯한 어투다. 이런 문구는 단순한 홍보 문구가 아니라 이 매장이 지닌 정서를 한번에 설명해주는 장치다. 그래서 이 집은 ‘생선 잘 굽는 집’이 아니라 ‘할머니가 밥 차려놓은 시골집 같은 생선구이집’으로 기억된다. 인지가 먼저 심어졌기 때문에 이야기가 저절로 만들어지는 구조다.

한인타운 고깃집 콘셉트의 ‘청기와타운’ 역시 마찬가지다. 대부분의 고깃집은 반찬과 소스를 그냥 내준다. 손님은 먹으면서도 무엇을 먹는지는 잘 모른다. 하지만 청기와타운은 아예 설명지를 함께 준다.

1번 샐러드, 2번 콘샐러드, 3번 무생채, 4번 특제 소스, 5번 깻잎 페스토, 6번 돼지감자 장아찌, 7번 찐 마늘, 8번 와사비, 9번 양념게장 등등. 그리고 먹는 방법까지 쓰여 있다. “갈비는 육장에 찍고 깻잎 페스토를 올려 먹어보세요. 생고기는 소금과 와사비 조합으로 드셔보세요. 김치는 불판에 구우면 맛이 두 배가 됩니다. 고급 숯으로 고기의 풍미를 살립니다. 전문 그릴러가 직접 구워드립니다. 와인 콜키지 프리.” 이 설명지 한 장으로 손님은 ‘먹는 사람’에서 ‘아는 사람’이 된다. 그리고 아는 사람은 반드시 말한다. "거기 깻잎 페스토 올려 먹는 데 있잖아"라고 말이다.

대구 신세계백화점에 있는 '류커피 로스터스'도 같은 구조다. 디카페인 커피를 시키면 그냥 컵 하나를 주지 않는다. "콜롬비아 카우카, 사탕수수 디카페인. 사탕수수에서 추출한 유기 용매로 디카페인 공정을 한 커피이며, 옥수수차 같은 고소한 향미가 특징"이라는 설명이 적힌 작은 명함이 함께 나온다. 생산 지역, 농장, 품종, 가공 방식, 용량, 가격도 적혀 있다. 손님은 커피와 함께 '정보'를 마신다. 그래서 이 커피는 단순한 디카페인이 아니라 '사탕수수로 디카페인한 콜롬비아 커피'가 된다. 사람들은 이제 이 커피를 설명할 수 있다. 설명할 수 있다는 것은 추천할 수 있다는 뜻이다.

뗏마루, 청기와타운, 류커피 로스터스, 이 세 매장의 공통점은 하나다. 절대 손님의 기억에만 맡기지 않는다는 점이다. 인지는 손님이 아닌 매장이 만들어준다. 알려주고, 적어주고, 붙여주고, 말해주고, 보여준다. 그리고 그 모든 설명은 길지 않다. 대신 정확하고 반복적이다. 손님이 한번 왔다가 집에 돌아가는 길에 한 문장으로 말할 수 있는 수준이다.

이런 현상을 가장 정확하게 정리한 사람이 스탠퍼드대 행동과학자이자 《스틱!》의 저자인 칩 히스다. 그는 수십 년간 왜 어떤 이야기는 잊히지 않고, 어떤 정보는 바로 잊히는지를 연구했다. 그의 결론은 단순하다. "사람들은 복잡한 것은 기억하지 못하고, 간단하게 정리된 한 문장만 기억한다."

기억되는 브랜드는 언제나 설명이 쉬운 구조를 먼저 갖춘다. 길게 설명해서 이해시키는 것이 아니라 한 번 들어도 바로 말이 되는 형태로 정보를 압축해둔다. 인지는 길이가 아니라 구조의 문제라는 뜻이다. 결국 사람들이 집에 가는 길에 꺼낼 수 있는 브랜드만이 다음 손님을 데리고 돌아온다.

인지선점의 법칙은 손님이 기억하리라 기대하지 않고, 손님이 말하도록 설계한다. 사람들은 기억보다 말에 더 충실하고, 말은 곧 브랜드의 전파 통로가 된다. 최대한 간결하게, 하지만 최대한 많이 알려줘야 하는 이유가 여기에 있다. 알려주지 않으면 아무 일도 일어나지 않는다. 알려주는 순간부터 그 매장은 이미 한 번 더 영업을 시작한 것이다.

가치 일관성

7,000원 비엔나커피 vs. 1,000원 커피

브랜딩에서 '가치가 중요하다'고 말하면 대부분은 이런 질문을 한다. "가치는 물건이나 서비스를 팔 때 필요한 것 아닌가요?" 맞다. 가치는 물건이나 서비스에 필수적으로 포함된 일종의 무형 상품으로서 해당 물건이나 서비스의 값어치를 결정한다. 하지만 가치는 브랜딩에도 포함될 수 있다. 해당 브랜드에 담긴 철학이 바로 그런 가치다.

예를 들면 이런 것이다. 내가 아는 떡볶이집 사장님은 '아이들에게 따뜻하고 친근하게 대할 것'이라는 가치를 가장 중요하게 생각한다. 실제로 그 떡볶이집에 가면 늘 사장님이 웃으면서 아이들과 이야기하는 모습을 볼 수 있다. 이 가치를 충분히 느낀 아이들은 해당 떡볶이집을 좋아하고 자주 찾는다. 일종의 팬이 형성되는 것이다.

브랜딩은 단순한 마케팅 스킬이 아니라 브랜드의 정체성을 소비자에게 각인시키는 과정이다. 그리고 그 핵심은 '일관성'이고 그 일관성을 지키기 위해 브랜딩은 핵심 가치를 가져야 한다.

우리는 어떤 브랜드를 떠올릴 때 단순히 상품만을 연상하지 않는다. 그 브랜드만의 고유한 분위기나 철학, 감성을 함께 떠올린다. 그 이유는 그 브랜드가 일관된 가치를 계속 유지해왔기 때문이다.

가령 세계적 아웃도어 브랜드 파타고니아는 친환경과 윤리 소비를 강조한다. 그리고 "이 재킷을 사지 마세요(Don't Buy This Jacket)" 캠페인(환경을 위해 무분별하게 옷을 사기보다는 좋은 옷을 한 벌만 구매할 것을 권장하는 캠페인)을 통해 브랜드 충성도를 높였다. 좀 전에 이야기한 떡볶이집의 핵심 가치는 '친근함'이고 바로 이 일관성 있는 친근함 때문에 아이들이 지속적으로 찾는다.

가치는 작은 브랜드든 큰 브랜드든 반드시 필요하다. 브랜드 형성 과정에서 없어서는 안 되는 중요한 무형 상품인 것이다. 특히 작은 브랜드의 경우 이 가치를 아주 오밀조밀하게 설정할 수 있다. 그리고 큰 브랜드보다 훨씬 빠르고 날렵하게 수정·보완도 가능하다. 해당 가치를 일관성 있게 밀고 나간다면 날카로운 포지셔닝도 가능하다.

가치 이야기를 하다가 갑자기 포지셔닝이라니 무슨 뜬금없는 말인가 싶을 수도 있다. 괜찮다. 머리가 조금 복잡해도 끝까지 읽다 보면 아주 쉽게 이해될 테니까. 굳이 공부하듯이 이 글을 읽을 필요는 없다. 가볍고 편안하게 읽다 보면 어느새 무슨 말인지 알게 될 것이다.

포지셔닝은 시장에서 차별화된 위치를 점하는 전략이다. 그런데 많은 사람이 마케팅을 통해 포지셔닝을 해결하려고 한다. 마케팅 메시지 하나만으로 포지셔닝이 되는 게 아닌데 말이다. 특히 작은 브랜드일수록 마케팅으로는 포지셔닝을 해결하지 못한다. 이유는 앞서 이야기했듯이 가치란 '일관될 때 자연스럽게 형성되기' 때문이다.

예를 들어 이케아는 합리적인 가격과 실용성이라는 가치를 지키며 DIY 가구라는 독보적인 포지셔닝을 구축했다. 테슬라는 '전기 차의 혁신'을 가치 삼아 단순한 자동차 브랜드가 아닌 미래 기술 기업으로 자리를 잡았다. 포지셔닝이란 이렇게 일관된 가치로 자연스럽게 형성되는 것이다.

작은 브랜드의 사례도 충분히 많다. 우리 동네에 있는 한 카페는 아주 작게 로스팅 시설을 갖추고 있다. 비엔나 라인의 커피 메뉴가 다섯 가지가 넘는다. 디카페인으로도 비엔나커피를 즐길 수 있는데 가격이 무려 7,000원이다. 그럼에도 장사가 잘된다. 특히나 비엔나 라인의 커피 메뉴가 가장 많이 팔린다. 메가MGC커피, 더벤티, 빽다방, 컴포즈커피가 충분히 시장을 장악한 이후에 생겼음에도 수익은 해당 가맹점주들보다 훨씬 많을 것이다.

이 매장의 핵심 가치와 일관성은 '프랜차이즈에서 맛보지 못하는 수제 비엔나커피, 직접 로스팅한 커피'를 제공하는 것이다. 원가가 높기 때문에 판매가 역시 높지만 해당 핵심 가치를 좋아하는 사람들은 흔쾌히 7,000원을 지불한다.

가치의 일관성을 유지하는 건 쉽지만은 않다. 하지만 가치의 일관성이 유지되어야 비로소 우리가 말하는 가치가 소비자에게 지속적으로 전달된다. 그러면 어떻게 일관된 가치를 유지할 수 있을까? 간단하게 정리하면 네 가지 방법이 있다.

첫째, 모든 의사 결정의 기준을 가치에 둔다. 어떤 결정을 할 때, 가령 비용 절감에 나서거나 단기 이익을 판단할 때 브랜드의 핵심 가치를 우선시한다. 앞서 이야기한 카페는 로스팅 장비에 대한 투자 때문에 초반에 고민이 많았다. 하지만 가치를 위해 과감한 투자를 결심했다. 그것이 브랜딩이 되었고 고객의 충성도를 불러왔다.

둘째, 가치와 일치하지 않는 것은 철저히 배제한다. 이것 역시 어렵지만 중요한 일이다. 타협하는 순간 브랜드의 신뢰도는 무너진다. 비엔나커피의 주문량이 올라갔다고 해보자. 수익 극대화를 위해서는 제조 시간을 줄여야 한다. 이를 위해 수제가 아닌 완성 크림을 사용하게 되면 어떻게 될까? 그 순간 브랜드의 신뢰도가 무너진다. 손님들은 미묘한 차이를 느끼는 순간 떠나버린다.

셋째, 가치가 조직 내부에도 깊숙이 스며들게 한다. 나 혼자 가치를 알고 실천하는 건 의미가 없다. 나와 함께 일하는 직원들이 브랜드의 가치를 체화해야 고객에게도 일관된 경험을 제공할 수 있다. 직원들과 공유하는 가치가 없다면 로스팅이든 수제 크림이든 맛이 떨어질 수밖에 없다. 서비스에서도 차이를 보일 게 분명하다.

넷째, 고객과의 소통에서 가치를 중심에 둔다. 우리 가게에 오는 손님, 내 제품을 사는 고객과 소통할 때도 가치를 중심에 둬야 한다. 당연히 소통 수단인 현수막, 전단, 온라인 광고 등에 브랜드의 핵심 가치를 잘 녹여내야 한다. 비엔나커피에 진심인 사람들이 꼭 맛볼 수 있도록 카피에도 신경 써야 한다는 말이다.

일관된 가치는 브랜드를 브랜드답게 만든다. 일관성이 곧 브랜드의 본질이라고 봐도 무방할 정도다. 가치가 명확한 브랜드는 소비자에게 신뢰를 주고, 오랜 기간 지속되는 강력한 브랜드로 성장한다. 가치를 일관되게 유지하는 것이야말로 브랜드가 뾰족한 포지셔닝을 만들고 경쟁에서 차별성을 갖게 하는 방법 중 하나다.

　　서울 노원구 상계동에 위치한 '감동식당'은 이러한 원칙을 충실히 따르며 일반 식당으로 큰 성과를 이룬 대표적인 사례다. 우리가 직영 2호점 기획을 맡으면서 더 세부적으로 브랜딩을 했는데, 감동식당이야말로 작은 브랜드로서는 가치 일관성 법칙의 최고 성공 사례가 아닐까 싶다.

　　감동식당의 핵심 가치는 상호명 그대로 '손님들에게 감동을 주는 것'이다. 서윤호 대표는 단순히 배를 채우는 식당이 아니라 손님들이 기억하고 싶어 하는 식당을 만들고 싶었다. 그래서 감동식당이라는 직설적인 이름을 선택했다. 이름에 걸맞게 고객에게 진심 어린 감동을 전하기 위해 노력했고, 이는 단순한 슬로건이 아닌 모든 운영의 중심 철학이 되었다.

　　처음부터 잘됐던 건 아니다. 오픈 초기 흔히 말하는 '오픈 빨'이 빠지자 월 매출이 1,500만 원으로 처참하게 떨어진 적도 있다. 하지만 가치를 일관되게 철저히 지킨 덕분에 지금은 월 매출 1억 2,000만 원이라는 말도 안 되는 성과를 내고 있다. 주변 상권이 죽어서 쉽지 않은 환경 속에서도 말이다. 감동받은 손님들이 다시 찾는 구조를 수년간 만든 덕분에 가능한 일이었다.

　　서윤호 대표는 직원 교육과 서비스 매뉴얼화도 일찌감치 시작했다. 손님에게 일관된 감동을 전달하기 위해서였다. 손님이 입장할 때부터 식사를 마치고 떠날 때까지 모든 과정을 표준화하여, 누구나 동일한 수준의 서비스를 제공받을 수 있도록 했다.

손님들의 의견을 받아 실제 가게에 반영하는 일도 지속적으로 하고 있다. 테이블마다 QR코드를 통해 '손님의 소리'를 수집하고, 이를 적극적으로 활용하여 서비스 만족도를 올렸다. 예를 들어, 손님들이 대기 시간에 지루함을 느낀다는 의견을 내자 대기 시간에 즐길 수 있는 룰렛 이벤트를 만들었다. 손님들은 대기 시간에도 재미를 느끼게 되었고, 이는 전반적인 만족도 상승으로 이어졌다.

감동식당은 '감동'이라는 가치를 일관되게 실천한 결과, 매출이 10배 가까이 뛰는 성과를 달성했다. 작은 브랜드라도 핵심 가치를 지속적으로 유지하고 손님들과 신뢰를 쌓으면 큰 성과를 이룰 수 있음을 보여주는 사례다.

시장에서 경쟁자 없이 독보적인 위치를 차지할 수 있다는 것은 강력한 무기가 된다. 특히 작은 브랜드일수록 명확한 가치와 일관된 실천이 큰 차이를 만들어낼 수 있다. 이 책을 읽고 감동식당을 방문하면 무엇 하나라도 서비스(?)를 주지 않을까 싶은데 다들 한번쯤 가서 어떤 감동을 주는지 경험해보면 좋겠다. 가치 일관성의 법칙이 현실에서 어떻게 구현되는지 직접 체험도 해보고 말이다.

심심하지 않으면서 복잡하지도 않은

다들 성공하려면 고객의 호기심을 끌어야 한다고 말한다. 공간에서, 메뉴에서, 콘텐츠에서, 경험에서. 너무 당연한 이야기 아닌가. 그런데 막상 네이밍 기획 단계에 들어가면 많은 사람이 그 호기심을 가장 먼저 제거해버리는 선택을 한다. 고객이 궁금해할 틈을 주지 않고 고객이 질문을 던지기도 전에 이름으로 모든 답을 준다.

"여긴 정직한 국밥집입니다", "여긴 일본식 꼬치구이 이자카야입니다", "여긴 강릉 생선구이 정식 전문점입니다". 이렇게 말하는 순간 고객의 뇌는 더 이상 작동하지 않는다. 더는 궁금해할 것이 없으니까.

호기심이 생길 통로를 이름에서부터 스스로 차단해버린 셈이다.

브랜딩 관련 책을 읽다 보면 이런 말이 가장 많이 나온다. '요즘 손님들은 궁금해야 움직인다. 한 번 더 생각하게 만들어야 들어온다. 기억에 남아야 선택한다.' 그런데 정작 브랜드의 첫 관문인 이름에서 고객이 궁금해할 여지를 남기지 않는 선택을 한다. 모든 걸 정의해주고, 설명해주고, 미리 정리해준다.

물론 물 흐르듯 자연스럽게 인식되는 네이밍도 상황에 따라 효과적일 수 있다. 하지만 여기서 말하려는 네이밍 전략은 그것과는 다르다. 지금부터 말하려는 것은 고객의 머릿속에 '호기심'이 발생하도록 설계하는 네이밍 전략인 '콘셉트 블렌딩(conceptual blending)'이다. 한마디로 네이밍을 설명의 도구가 아닌, 고객의 뇌를 자극하는 장치로 사용하는 전략이다. 답을 주는 이름이 아니라 질문을 남기는 이름. 그 질문이 고객을 브랜드 안으로 끌어들이는 가장 강력한 통로가 되도록 하는 전략이다.

우리는 흔히 '의미가 명확한 이름'을 좋은 이름이라고 생각한다. 하지만 실제로 오래 살아남고, 반복해서 언급되며, 팬층을 만들어내는 이름들을 보면 꼭 그렇지는 않다. 한번에 딱 떨어지지 않는다. 듣는 순간 완전히 분류되지 않는다. 대신 아주 짧은 순간 머릿속에서 판단이 멈춘다. 그 0.5초의 멈춤이 "이게 뭐지?"라는 질문으로 이어진다.

콘셉트 블렌딩은 바로 이 멈춤을 설계하는 전략이다. 콘셉트 블렌딩이란 서로 다른 의미 영역의 개념 두 개 이상을 하나의 이름 안에 겹쳐놓는 것이다. 단순히 단어를 섞는 게 아니다. 그로 인해 인지적 지연, 즉 0.5초의 멈춤이 발생하느냐가 핵심이다.

인간의 뇌는 익숙한 단어를 만나면 즉시 분류하고 저장한다. 국밥, 고깃집, 분식, 카페 같은 단어들은 이미 뇌 속에 정리된 서랍을 가지고 있다. 분류와 인식이 빠르게 일어나지만, 기억 속에서 사라지는 속도도 그만큼 빠르다. 이해하기 위한 노력, 즉 각인될 시간조차 주지 않는 것이다. 하지만 어울리지 않을 것 같은 개념이 함께 등장하면 상황이 달라진다. 분류 버튼이 잠시 멈춘다. 혼란은 아니다. 당황도 아니다. 기억 속에 각인되는 아주 짧은 멈춤이다.

걸그룹 블랙핑크가 이 구조를 대중적으로 가장 잘 보여주는 사례다. 블랙과 핑크는 같은 이미지군에 들어 있지 않다. 블랙은 강함과 시크함, 공격성을 상징한다. 반면 핑크는 부드러움과 사랑스러움, 대중성을 떠올리게 한다. 이 둘을 붙이는 순간 사람들은 바로 이해하지 못한다. 센 그룹인가, 부드러운 그룹인가. 이 질문은 음악과 퍼포먼스를 통해 바로 해결되고 인식되고 각인된다. 이름은 정체성을 결정짓는 역할만 하는 것이 아니라 브랜드와 고객 사이 세계관의 출발점이 된다.

안경 브랜드인 '젠틀몬스터' 역시 같은 구조다. 젠틀은 점잖고 예의 바른 반면 몬스터는 위협적이고 통제되지 않는 존재다. 안경 브랜드에 이 두 단어를 붙였을 때 사람들은 업종을 이해하기 전에 브랜드의 태도를 먼저 느낀다. 왜 젠틀한데 몬스터인가. 왜 몬스터인데 젠틀한가. 이 질문은 매장 공간, 전시, 제품의 톤을 통해 회수된다.

여기서 반드시 짚고 넘어갈 점이 있다. 콘셉트 블렌딩을 단순한 말장난으로 오해해서는 안 된다는 것이다. 만약 이름으로 던진 질문이 현장에서 아무런 답도 받지 못한다면 그 호기심은 곧 실망으로 바뀐다.

이 법칙이 효과를 가지려면 고객이 느낀 궁금증이 메뉴, 공간, 서비스 속에서 하나씩 해소되며 긍정적인 경험으로 각인되어야 한다. 이름에서 느낀 의문이 공간의 분위기와 메뉴의 결, 서비스의 태도 속에서 자연스럽게 설명될 때 고객은 '아, 그래서 이런 이름이구나'라는 해결의 쾌감을 경험한다. 이름이 만든 질문과 현장이 보여주는 답이 어긋나는 순간 브랜드는 신뢰를 잃는다.

이 구조는 외식업에서 훨씬 더 강력하게 작동한다. 음식은 본래 감각의 영역이고 감정의 영역이기 때문이다. 영어에 놀랄 때 쓰는 표현이 있다. "홀리 싯(holy shit)." 홀리는 신성함의 영역에 있고, 싯은 가장 속되고 일상적인 단어다. 이 둘을 붙이는 순간 의미는 무너지고 감정만 폭발한다. 그래서 이 말은 설명이 아니라 반응으로 쓰인다. 이걸 외식업으로 가져오면 거룩한 술, 죄 많은 안주, 성스러운 찌개 같은 이름이 된다. 이 이름들은 메뉴를 설명하지 않는다. 대신 이 식사가 허용하는 감정의 범위를 먼저 규정한다.

콘셉트 블렌딩은 어떻게 적용할 수 있을까? 가장 쉬운 방식은 상반된 정서의 충돌을 활용하는 것이다. '얌전한 술집'이라는 이름을 떠올려보자. 술집은 원래 풀어지는 공간이다. 그런데 얌전하다는 단어가 붙는 순간 질문이 생긴다. 혼술이 가능한가? 음악이 조용한가? 분위기가 차분한가?

'게으른 국밥' 역시 마찬가지다. 국밥은 성실한 음식인데 게으르다는 단어가 붙는 순간 전통만 답습하지 않겠다는 선언처럼 들린다. '성실한 불량식당'이라는 이름도 그렇다. 불량은 대충을 떠올리게 하지만 성실이라는 단어가 붙는 순간 해석이 바뀐다. 태도는 불량하지만 운영은 성실하다는 뜻으로.

질서와 혼돈의 충돌도 강력하다. '계획된 난장', '통제된 막장', '정돈된 무질서' 같은 이름들은 감으로만 장사하지 않겠다는 신뢰를 만든다. '살벌한 닭구이', '착한 소주', '위험한 백반' 같은 네이밍도 가능하다.

전통과 현대를 섞는 방식도 있다. '할머니 레시피 연구소', '장독대 실험실', '집밥 프로젝트' 같은 이름들은 과거를 재현하겠다는 말이 아니라 전통을 지금의 언어로 다시 다루겠다는 태도다.

정서적 단어와 공간. 집단 명사를 결합하는 구조도 있다. '정 많은 식탁', '술 많은 밤', '밥 짓는 사람들', '국물 애호가들'. 이 이름들은 업종보다 관계를 먼저 드러낸다.

이 모든 네이밍의 핵심은 단어 센스가 아니다. 어떤 정서 축을 선택했는지, 어떤 세계관을 일부러 충돌시켰는지, 그리고 그 질문들을 브랜드 안에서 회수할 준비가 되었는지다. 이름으로는 질문만 던지면 된다. 그다음은 메뉴, 공간, 서비스, 운영 태도의 몫이다.

마지막으로 한 장면을 떠올려보자. "산은 산이요, 물은 물이다"라는 성철 스님의 말씀을 많이 들어봤을 것이다. 유명한 스님의 말이지만 처음에는 어딘가 평범하게 느껴진다. 그래서 '무슨 말이지?' 한 번 더 생각하게 되는 지점이 생긴다.

그리고 그 의미를 곱씹어 이해하게 되는 순간 그 문장은 단순한 문장이 아니라 강력한 각인으로 우리 뇌 속에 박힌다. 이해에 도달하기까지의 과정이 기억을 만들어내기 때문이다. 브랜드도 마찬가지다.

브랜드라는 말은 원래 '불에 달군 쇠로 찍는 낙인'에서 출발했다. 오늘날의 상표와 브랜드 개념 역시 고객의 머릿속에 어떤 이미지를 강하게 각인시키는 데서 시작한다. 즉 브랜딩이란 무언가를 많이 설명하는 기술이 아니라 어떤 기억을 남길 것인가에 대한 방법론이다.

이름은 답이 아니다. 이름은 질문이다. 그리고 그 질문에 답해가는 모든 과정이 곧 브랜드 그 자체가 된다.

설득이 아닌 선택하게 하는 것

아마 이 이야기는 처음엔 잘 이해되지 않을지도 모른다. 우리는 너무 오랫동안 '설득이 답'이라고 배워왔기 때문이다. 팔려면 설명해야 하고, 믿게 하려면 논리로 밀어붙여야 하고, 반박이 들어오면 더 세게 증명해야 한다고 배웠다. 하지만 지금 하려는 이야기는 정반대다. 설득하지 말라는 것이다. 이상하게 들릴 것이다. 그래도 끝까지 읽어보면 이해하게 될 것이다. 설득하지 않겠다. 그냥 읽기만 하면 된다.

대부분의 브랜드는 손님을 설득하려 든다. 이게 더 맛있다고 말하고, 이게 더 좋다고 설명하고, 이게 더 합리적인 선택이라고 종용한다.

그리고 그 순간, 브랜드와 고객 사이에는 보이지 않는 긴장이 생긴다. 설득하는 자와 설득당하는 자. 이 관계가 만들어지는 순간 이미 거래는 대등하지 않게 된다. 손님은 더 이상 '선택자'가 아니라 '설득의 대상'이 된다.

여기서 중요한 사실이 있다. 사람은 설득당하면 마음이 움직이는 게 아니라 방어기제부터 켠다는 것이다. "왜 저렇게까지 설명하지?", "왜 굳이 저걸 시키라고 하지?" 이런 감정이 먼저 올라온다. 논리보다 먼저 감정이 반응한다. 그리고 이 방어는 아주 미묘하게 브랜드 신뢰를 갉아먹는다.

예전의 소비자는 정보를 갖지 못했다. 무엇이 더 좋은지, 무엇이 과장인지, 무엇이 진짜인지 구분할 재료가 부족했다. 그래서 설명이 힘이 되었고, 말 잘하는 브랜드가 유리했다. 하지만 지금의 소비자는 다르다. 검색하고, 비교하고, 후기까지 다 본다. 가격 구조도 알고, 마진도 대충 짐작한다. 무엇보다 '파는 말'과 '진짜 말'을 구분한다. 그래서 이제 소비자는 설명을 듣는 순간 의도를 읽는다. 이 설명이 나를 위한 것인지, 매출을 위한 것인지. 이 말이 진짜 자신감인지, 불안을 가리기 위한 포장인지. 그 뉘앙스를 거의 본능처럼 감지한다.

그리고 한 번이라도 '팔려고 한다'는 기색이 느껴지는 순간 마음은 조용히 닫힌다. 겉으로는 고개를 끄덕이지만 선택은 이미 멀어져 있다. 요즘 브랜드가 어려워진 이유는 제품이 나빠서가 아니라 소비자가 훨씬 똑똑해졌기 때문이다.

사람은 자기가 스스로 결정했다고 느낄 때 만족한다. 누군가의 설명에 의해 끌려간 선택이 아니라 '내가 고른 선택'일 때 가장 강하게 브랜드를 기억한다. 그래서 설득은 단기 매출에는 도움이 될지 몰라도 장기 관계에는 거의 항상 불리하게 작용한다.

비설득의 법칙은 여기서 출발한다. 설득하지 말고, 선택권을 돌려주라는 원칙이다. 브랜드는 답을 정해주지 않는다. 판단을 대신해주지 않는다. 그저 선택할 수 있는 환경만 정교하게 만들어줄 뿐이다. 그리고 결정은 언제나 고객의 몫으로 남겨둔다.

이때부터 관계의 성질이 바뀐다. 브랜드는 위에 서 있지 않다. 가르치지도 않는다. 판결하지도 않는다. 이렇게 비어버린 자리에 '존중'이 들어온다. 내 취향이 틀리지 않았다는 확신. 내 선택이 왜곡되지 않았다는 안도감. 이 감정이 쌓이면 브랜드는 단골을 만드는 것이 아니라 신뢰를 수집하게 된다.

비설득의 법칙이 작동하는 브랜드에는 공통적인 특징이 있다. 설명이 짧다. 대신 반응이 빠르다. 논리가 없다. 대신 수용이 있다. '그게 더 낫습니다'가 아니라 '그렇게 해드리겠습니다'라는 문장이 먼저 나온다. 매출은 이 문장 하나로 갈린다.

우리는 '고객이 틀릴 수도 있다'는 말을 너무 쉽게 한다. 그래서 브랜드는 자꾸 고객을 고치려 든다. 취향을 교정하려 하고, 기준을 재정의하려 하고, 판단을 수정하려 한다. 하지만 현실에서는 정반대다. 고객은 틀리지 않는다. 그저 다를 뿐이다. 그리고 이 '다름'을 인정하는 순간 브랜드는 경쟁이 없는 세계로 들어간다.

이렇게 '다름'을 인정함으로써 안 되는 것보다 되는 게 많아지는 브랜드가 반드시 이긴다. '그렇게 해드리겠습니다'라는 문장이야말로 비설득의 법칙이 현장에서 작동하는 가장 현실적인 모습이다.

양재에 있는 '솥두껍'이라는 고깃집은 비설득의 법칙을 가장 단순한 방식으로 실천한다. 삼겹살을 주문한 손님이 고기를 보고 말한다. "비계가 좀 많은 것 같아요." 대부분의 식당은 이때부터 설득을 시작한다. '이 부위가 원래 맛있다', '구워보면 다르다', '정상품이다'. 하지만 솥두껍은 다르다. 묻지도 설명하지도 않는다. "아, 그러세요? 그러면 비계가 적은 걸로 다시 한번 보고 내어드릴게요." 그리고 실제로 고기를 바꿔준다. 이 장면에는 설득이 없다. 대신 선택권이 있다. 이 가게는 옳고 그름을 따지지 않는다. 손님의 기준을 그대로 받아들인다. 이것이 비설득의 법칙이다.

요즘은 안 된다는 말을 너무 쉽게 한다. '규정상 안 되고, 시스템상 안 되고, 매뉴얼상 안 된다.' 이런 식으로 응대를 하면 브랜드는 편해진다. 하지만 고객은 그 순간부터 멀어진다.

내가 경기도 화성의 한 카페에서 겪었던 일도 '안 된다'가 문제였다. 그곳은 키오스크로 주문하는 구조였는데, 연세가 있어 보이는 남자분이 주문을 잘 못 하고 계셨다. 줄은 점점 길어지고 사람들의 얼굴이 굳어갔다. 나는 카운터로 가서 물었다. "저분이 주문이 좀 어려우신 것 같은데, 카운터에서 주문을 도와드릴 수 있나요?" 대답은 단호했다. "안 됩니다." 결국 내가 다시 키오스크로 돌아가 대신 주문해드렸다. 이 매장은 규칙을 지켰다. 하지만 브랜드 이미지는 깎였다. 그분에게 '나는 여기서 환영받는 사람이 아니다'라는 감정이 남았기 때문이다.

얼마 후에 나는 또 다른 '안 된다'를 겪어야 했다. 점심식사를 위해 들렀던 식당에서 급하게 메일을 확인할 일이 생겼다. 나는 노트북을 꺼냈다. 오래 쓰려는 것은 아니었다. 단 5분, 메일만 확인하고 노트북은 바로 집어넣을 생각이었다. 하지만 노트북을 꺼낸 순간 직원이 다가왔다. "노트북 사용 안 됩니다." 사정을 설명해도 대답은 같았다. "규정이라 안 됩니다." 이 식당도 규칙은 지켰다. 그러나 나는 그 공간에서 손님이 아니라 '관리 대상'이 되었다. 이 경험은 그 가게를 다시 찾지 않을 이유로 충분했다.

반대로 되는 쪽을 먼저 찾는 브랜드도 있다. 그러면 손도 머리도 좀 더 써야 하지만 대신 관계를 남길 수 있다. 내가 자주 가는 우리 동네 카페가 그랬다. 카페에서 말차라떼를 만들 때 보통은 당분이 이미 들어간 말차 파우더를 쓴다. 그래서 대부분의 카페는 이렇게 말한다. "당 조절은 안 됩니다." 그런데 이 카페는 이렇게 말한다. "완전 무당으로 만들기는 어렵지만, 대신 우유를 조금 더 넣어서 단맛을 줄여드릴까요? 말차 맛은 조금 연해질 수 있어요. 괜찮으실까요?" 이 말은 안 된다고 무조건 금지하는 대신 선택지를 만들어준다. 손님은 통제당하지 않는다. 함께 결정한다. 이 차이가 재방문을 만든다.

안 되는 것보다 되는 게 더 많은 브랜드는 무작정 다 받아주는 브랜드가 아니다. 기준이 없는 브랜드도 아니다. 다만 기준을 고객 위에 두지 않을 뿐이다. 설득으로 이기려고 하지 않고, 수용으로 관계를 만든다. 이 구조가 만들어질수록 브랜드는 점점 설명이 필요 없어지고, 경쟁에서 벗어난다.

비설득의 법칙은 설득을 포기하라고 하지 않는다. 대신 설득보다 더 강한 무기를 선택하라고 한다. 그것은 존중이고 선택권이며 대안이다. 안 된다고 말하기 전에 이렇게 하면 어떤지 먼저 묻는 태도. 그 태도가 쌓이면 브랜드는 광고 없이도 살아남는다.

안 되는 것보다 되는 게 더 많은 브랜드가 반드시 이긴다. 이기는 방법은 더 많이 설명하는 것이 아니라 덜 설득하는 것이다. 고객을 설득하지 말고, 고객의 편으로 이동하라. 그 순간 브랜드는 가격 경쟁이 아닌, 관계 경쟁의 영역으로 들어간다. 그리고 그 싸움에서는 늘 비설득이 이긴다.

2부

브랜드 포지셔닝
Brand Positioning

시장에서 차별화하고
자리 잡는 방법에 대하여

리버스 포지셔닝

청개구리는 왜 주목을 받는가

이 세계에는 '상식'이 있다. 우선 카페는 조용해야 한다. 손님이 오래 앉아 있으면 회전율이 떨어지니 경계해야 한다. 식당은 권위 있는 인증서나 리뷰 플랫폼에 선정되면 감사히 여기고, 그걸 홍보에 써야 한다. 대부분의 브랜드는 이런 상식을 지키며 움직인다. 왜냐면 '그게 맞는 방법'이라 믿기 때문이다.

하지만 세상엔 이 상식을 거꾸로 쓰는 브랜드들이 있다. 그들은 마치 청개구리처럼 말을 잘 듣지 않는다. 남들이 하지 말라는 걸 하고, 하지 말라는 방식을 고집한다. 그런데 이상하게도 사람들의 시선을 끈다. 이유는 간단하다. 사람들은 예측 가능한 브랜드보다 의외의 선택을 하는 브랜드에 더 큰 흥미를 느끼기 때문이다.

이것이 바로 리버스 포지셔닝(reverse positioning)의 핵심이다. 기존 시장의 규칙을 따르지 않고, 오히려 그 반대편에서 새로운 기준을 만들어내는 전략. 다른 브랜드들이 경쟁하느라 복잡하게 붙잡고 있는 정답을 청개구리 브랜드는 가볍게 버린다. 그 대신 자신만의 이유와 철학을 세운다. 바로 그 '이유'와 '철학'이 소비자에게 강력하게 기억된다.

청개구리는 단지 반항적인 존재가 아니다. 그들은 '다르게 보는 눈'을 가진 존재다. 모두가 피하는 길을 택하지만, 그 길에서 새로운 흐름을 만든다. 그래서 말 안 듣는 브랜드는 오히려 '말을 만들어내는 브랜드'가 된다. 그들의 행동 하나하나가 화제가 되고 이야기가 된다.

보통 카페 사장님들은 이렇게 말한다. "콘센트는 줄여야 돼요. 손님들이 전기만 쓰고 나가요." "공부하는 사람들, 오래 앉아 있는 사람들 때문에 회전이 안 돼서 의자가 조금 불편해야 돼요." 이게 상식이다. 하지만 '카페디아즈'는 그 상식을 정면으로 거슬렀다.

카페디아즈의 이수경 대표는 은행에 다니다 창업했다. 하루 매출 2~3만 원에서 시작해 지금은 직영 일곱 개 매장을 운영하는 대표가 됐다. 그는 우리가 아는 상식에 대해 이렇게 말한다. "노트북 제한 없습니다." "데스크톱 설치 가능합니다." "커피 마시다가 공부하러 갔다가 다시 오셔도 됩니다." "여러 명이 아메리카노 하나만 주문하셔도 돼요." "앞 접시, 빈 잔 무제한으로 드려요." "화장실만 쓰고 나가셔도 됩니다." 실제 그가 스레드에 올린 글이다. 그는 손님이 전기를 쓰든 오래 앉아 있든 상관하지 않는다. 오히려 "그만큼 편하게 느낀다는 건 우리 공간이 머물고 싶은 공간이라는 증거"라고 말한다.

이건 단순한 친절이 아니다. 리버스 포지셔닝의 전략적 선택이다. 남들이 '비용'으로 보는 걸 카페디아즈는 '경험'으로 본다. 남들이 '부담'으로 여기는 행동을 카페디아즈는 '머무름의 징표'로 해석한다. 결국 이 역발상이 브랜드의 철학이 되었고 '손님을 제일 중요하게 여기는 곳'이라는 메시지가 사람들의 마음속에 각인됐다.

카페디아즈에 오는 사람들은 단순히 커피를 마시려는 게 아니라 이 공간의 철학을 소비하려는 것이다. 이게 바로 청개구리 브랜드의 힘이다. 세상의 상식을 거슬렀지만, 그 결과 상식보다 더 큰 신뢰를 얻었다.

충주의 '수안보대장군'은 꿩고기를 파는 식당이다. 이곳은 이미 음식의 맛으로 인정받아 블루리본 서베이에 선정되었다. 보통의 사장님이라면 이걸 자랑스럽게 걸고 홍보했을 것이다. 하지만 수안보대장군의 사장님은 그 리본을 거절했다.

그는 이렇게 말했다. "요즘은 너도 나도 블루리본을 달고 있더라고요. 그래서 생각했어요. 이게 과연 의미가 있을까?" 심지어 블루리본 측에 직접 연락해 매장 정보를 삭제해달라고 요청했다. 그리고 그 이유를 스레드에 직접 기록했다. "그런 거 꼭 해야 하나요? 난 아닌데요."

이 말에 사람들은 열광했다. 다른 식당들이 돈을 내고라도 심사를 받으려 할 때 이 식당은 오히려 '심사 자체를 거부하는 브랜드'가 되었다. 결국 수안보대장군은 '블루리본을 거절한 집'으로 더 유명해졌다. 브랜드의 가치는 상을 받았다는 사실에서 오는 게 아니라 어떤 기준을 선택하느냐에서 온다는 걸 보여준 사례다.

왜 사람들은 '다른 것'에 끌릴까? 단순한 호기심 때문만은 아니다. 인간은 예측 가능한 것보다는 예측 불가능한 것에 더 강한 주의를 기울이는 존재다. 익숙한 패턴 속에서는 생각이 멈추는 반면 예상치 못한 변화 속에서는 비로소 사고가 깨어난다. 그래서 브랜드가 똑같은 말, 똑같은 방식으로 이야기할 때는 귀에 들어오지 않지만, 반대로 말하거나 낯선 태도를 보일 때는 자연스럽게 시선을 끈다.

이것은 단순한 마케팅 트릭이 아니라 인간의 인지 구조와 관련된 심리적 작용이다. 뇌는 예상된 보상보다 '예상 밖의 보상'에 훨씬 큰 도파민 반응을 보인다. 즉 기존과 다른 것은 단순히 새롭기 때문이 아니라 우리의 주의와 감정을 깨우는 '자극'이기 때문에 끌리는 것이다.

영국 케임브리지대학교의 신경과학자 울프람 슐츠(Wolfram Schultz) 교수는 이 원리를 실험으로 증명했다. 그는 마카크 원숭이를 대상으로 '보상 예측 오류'라는 실험을 진행했다. 원숭이가 특정 행동을 하면 과일 주스를 보상으로 받도록 학습시킨 뒤, 그 보상이 예측된 시점과 다르게 나타나거나 아예 사라지는 상황을 만들었다. 그 결과, 원숭이의 도파민 뉴런은 보상이 '예상치 못하게' 주어졌을 때 가장 강한 폭발적인 반응을 보였다. 반대로 보상이 이미 예측된 상황에서는 반응이 현저히 줄었고, 보상이 기대보다 적거나 사라졌을 때는 오히려 뉴런의 활동이 억제되었다.

요약하자면 뇌는 단순히 보상이 있는가 없는가를 판단하지 않는다. '예상과 얼마나 달랐는가'를 감지하고, 바로 그 차이가 우리의 주의와 감정을 깨운다. 그래서 '다른 것'이 뇌에게는 단순한 새로움이 아니라 깨어남의 신호가 되는 것이다. 익숙한 자극에는 반응하지 않지만 예상 밖의 자극에는 강하게 반응한다. 그리고 그 반응은 기억을 남긴다.

브랜드가 사람들의 시선을 붙잡는 이유도 여기에 있다. 모두가 비슷한 방식으로 말하고 비슷한 방식으로 행동할 때 한 브랜드가 의외의 말을 하거나 낯선 행동을 하면 소비자의 뇌는 그 순간을 그냥 지나치지 않는다. "이건 뭐지?"라는 짧은 의문이 도파민을 분비시키고, 그 브랜드를 기억하게 만든다.

결국 '다름'은 주의를 끄는 기술이 아니라 인간의 뇌가 반응하는 본능적 조건이다. 브랜드가 익숙함을 거부하고 낯섦을 선택할 때 그 선택은 소비자의 뇌 속에서 하나의 작은 반전을 만들어낸다. 그리고 그 반전이 감정의 잔상을 남기며 브랜드를 이야기로 만든다.

하지만 단순히 다르다고 해서 모두 주목받는 것은 아니다. 차별화와 괴짜는 다르다. 사람들이 끌리는 것은 단순한 '이질성'이 아니라 '의미 있는 반대'다. 리버스 포지셔닝의 법칙이 작동하는 이유가 바로 여기에 있다. 단순히 거꾸로 가서가 아니라 그 반대 속에 철학과 이유가 있기 때문이다.

예를 들어 카페디아즈가 '노트북 제한 없음'을 선언했을 때 사람들은 단순히 파격적이라서 반응한 것이 아니다. '손님이 편해야 카페도 존재한다'는 명확한 철학이 느껴졌기 때문에 반응한 것이다. 수안보대장군이 블루리본을 거절했을 때도 마찬가지다. 상을 거절한 게 주목을 끈 게 아니라 '이제는 스스로의 기준으로 평가받겠다'는 태도가 신뢰를 만든 것이다.

결국 사람들은 '단순한 다름'이 아닌 '진심 있는 다름'에 끌린다. 반대를 위한 반대는 일시적인 이슈를 만들 뿐이지만 진정성 있는 반대는 이야기를 만든다. 그리고 그 이야기는 브랜드의 서사가 된다.

브랜드가 다름을 선택할 때 중요한 건 반항이 아니라 맥락이다. 왜 반대로 가는지, 무엇을 위해 규칙을 깨는지, 어떤 신념을 지키려는지 명확해야 한다. 그 이유가 합당할 때 사람들은 그 브랜드를 단순히 특이한 존재로 보지 않는다. 오히려 '저들은 자신들의 길을 가고 있다'라고 인정한다. 그렇게 인정받는 순간 브랜드는 단순한 상품이 아니라 하나의 관점이 된다.

남들이 다 옳다고 하는 길을 의심하고, 그 의심 속에서 자신만의 철학을 만들어가는 브랜드. 그런 브랜드는 단순히 시장에서 주목받는 것이 아니라 시대가 변할 때마다 새로운 기준이 된다. 사람들은 본능적으로 알아본다. 단순한 다름은 자극이지만, 이유 있는 다름은 신뢰다. 그리고 그 신뢰가 쌓일 때 비로소 브랜드는 '말 안 듣는 존재'가 아니라 '말을 만드는 존재'로 기억된다.

왜 자꾸 큰 곳으로 가려 하는가

브랜드를 운영하다 보면 이상한 조급함이 생긴다. 지금 자리보다 더 큰 상권, 더 유명한 거리, 더 많은 유동성이 있는 곳으로 가야 성공할 것 같다는 착각이다. 동네에서 조금 잘되기 시작하면 이 성과가 지금 위치 때문이 아니라 오히려 이 위치가 한계처럼 느껴진다. 그래서 사람들은 스스로에게 묻는다. '이제는 나가야 하지 않느냐'고. '더 큰 곳으로 가야 브랜드가 되는 것 아니냐'고.

하지만 위험한 생각이다. 장소가 바뀌면 브랜드의 급이 함께 올라갈 거라는 믿음을 담고 있기 때문이다. 사실 시장은 그렇게 작동하지 않는다. 절대로 상권의 크기가 브랜드를 키워주지 않는다.

사람들은 종종 '확장'과 '승격'을 착각한다. 확장은 공간이 넓어지는 것이고, 승격은 인식의 단계가 바뀌는 일이다. 확장은 이동이지만 승격은 변신이다. 많은 브랜드가 이동만 하고 변신은 하지 않는다. 그래서 자리를 옮기고 나서 더 힘들어지는 일이 반복된다.

큰 시장은 기회가 많아 보이지만 동시에 기준도 높다. 선택지가 많고, 비교가 빠르고, 실패에 대한 관용이 적다. 작은 시장에서는 어느 정도 용인되던 미완성도 큰 시장에서는 바로 탈락한다. 이때 사람들은 상권을 탓한다. 하지만 실제 문제는 브랜드의 급이 아직 올라가지 않은 것이다.

'승격의 법칙'은 이 지점에서 작동한다. 멀리 가기 전에 높아져야 한다는 원칙이다. 상권을 바꾸기 전에 스스로가 먼저 기준점이 되어야 한다는 원칙이다. 자신의 가게를 기준으로 설명하게 만드는 상태, 비교의 대상이 아니라 출발점이 되는 상태. 여기까지 올라간 뒤에 이동하는 것이 진짜 도약이다.

작은 곳에서 1등이 되지 못한 브랜드가 큰 곳에서 1등이 되는 경우는 거의 없다. 반대로 작은 곳에서 기준이 된 브랜드는 큰 시장에 가서도 빠르게 기준을 만든다. 브랜드의 성장은 장소의 문제가 아니라 단계의 문제다. 위치가 아니라 위치의 의미가 바뀌어야 한다.

이 개념을 가장 날카롭게 정리한 사람이 알 리스(Al Ries)다. 그는 대표적인 포지셔닝 이론을 만든 인물로 《포지셔닝》, 《포커스 경영》, 《마케팅 불변의 법칙》 같은 책으로 전 세계 브랜드 전략의 기준을 바꾸었다. 알 리스의 핵심 주장은 단순하다. 브랜드는 시장의 크기로 기억되지 않고, 카테고리의 '첫 번째'만 기억된다는 것이다.

사람들의 머릿속에는 생각보다 저장 공간이 많지 않다. 그 공간은 대부분 '1등'만 차지한다. 사람들은 두 번째, 세 번째 브랜드를 알아도 머릿속에 쉽게 떠올리지 않는다. 그래서 알 리스는 늘 이렇게 말한다. "큰 시장의 10등보다 작은 시장의 1등이 훨씬 강하다." 이 말은 추상적인 조언이 아니다. 실제로 사람들이 어떤 브랜드를 선택하고 기억하는 방식을 그대로 꿰뚫은 문장이다.

브랜드의 승격은 매장의 크기나 상권의 크기에서 일어나는 것이 아니라 고객의 인식 안에서 먼저 일어난다. '저 집은 이 동네에서 제일 먼저 떠오르는 집'이 되는 순간 브랜드는 이미 한 단계 위로 올라간 것이다.

사람들이 자꾸 큰 곳으로 가려 하는 이유는 단순하다. 지금의 위치가 초라해 보이기 때문이다. 하지만 초라한 자리에서도 기준이 된다면 브랜드는 승격한다. 이런 승격 없는 확장은 대부분 소모로 끝나버린다.

승격의 법칙은 이렇게 말한다. 이동하지 말고 먼저 올라가라. 넓히기 전에 먼저 높여라. 브랜드는 그렇게 커진다.

사람들은 확장을 너무 빨리 꿈꾼다. 지방에서 성과가 나기 시작하면 그 성과를 지켜볼 틈도 없이 다음 상권을 떠올린다. '이 정도면 서울에 가도 되지 않을까', '이제는 큰 판에서 해야 하는 거 아니야'라는 질문이 너무 빨리 튀어나온다. 하지만 이 조급함이 가장 위험한 신호다. 아직 1등이 되지 않았는데 움직이려는 순간 브랜드는 힘이 분산된다.

동두천에서 '덱스터버거'를 운영하던 이병진 대표의 상황도 비슷했다. 매장은 잘 돌아가고 있었고, 자연스럽게 홍대 진출 이야기가 나왔다. 문제는 자금과 인력이었다. 한 번의 실패가 곧바로 전체 브랜드를 흔들 수 있는 구조였다. 이때 선택지는 두 가지였다. 무리해서 큰 곳으로 이동하느냐, 아니면 현재 위치에서 브랜드의 층위를 더 올리느냐. 선택은 후자였다. 홍대를 포기하고, 덱스터버거 바로 옆에 있던 창고를 생선구이집으로 전환했다.

업종은 완전히 달랐지만, 전략은 같았다. 덱스터버거가 이미 지역에서 만들어놓은 신뢰, 반복 방문 고객 그리고 무엇보다 이 동네에 대한 압도적인 이해도라는 자산을 그대로 다음 브랜드에 연결시키는 구조였다. 이 대표는 홍대의 소비 패턴은 몰랐지만 동두천의 소비 패턴은 손바닥 보듯이 알고 있었다. 어느 시간대에 어떤 연령층이 움직이는지, 평일과 주말의 결이 어떻게 다른지, 이 동네 손님들은 빠른 선택을 하는지, 오래 고민하는지, 충동 소비가 많은지, 반복 소비가 많은지까지 이미 몸으로 익혔다. 덱스터버거를 이 자리에서 성공시켰다는 사실 자체가 이미 이 상권의 언어를 정확히 이해하고 있다는 증거였다. 그래서 생선구이집은 새로운 도전이었지만, 상권은 그렇지 않았다.

같은 언어를 쓰는 시장 안에서 다른 메뉴를 얹은 전략이었고, 이 점이 가장 중요한 차이였다. 동두천에서 장사를 잘하는 방식과 홍대에서 장사를 잘하는 방식은 다르다. 이 대표는 자신이 아직 홍대형 사장이 아니라는 것을 알고 있었다. 그래서 동두천형 사장으로서의 강점을 극대화했다. 이동이 아니라 같은 자리에서 한 단계 위로 올라가는 선택을 했던 것이다.

이 선택의 핵심은 확장이 아니라 증폭이었다. 상권을 넓힌 것이 아니라 '신뢰가 작동하는 반경'을 넓힌 것이다. 햄버거로 이미 검증된 운영 리듬, 고객 응대, 위생, 맛의 기준을 그대로 생선구이에 이식했다. 덕분에 생선구이집은 오픈과 동시에 신규 브랜드가 아닌 '검증된 브랜드의 다음 선택지'로 받아들여졌다. 이 방식은 큰 시장으로 나가는 대신 작은 시장에서 브랜드의 무게를 한 단계 더 쌓은 전략이었다. 이동 없이 승격이 일어난 셈이다.

안성의 한 돈가스집 대표 역시 비슷한 고민을 하고 있었다. 이 대표는 내 강연을 보러 왔다가 따로 상담을 요청했고, 이후 내가 직접 매장을 찾아가 현장을 보게 되었다. 장사에 대한 열정이 강했고, 무엇보다 '서울로 가고 싶다'는 욕구가 뚜렷했다. 지금보다 더 큰 무대에서 승부를 보고 싶다는 마음이었다.

본인이 만드는 돈가스에 대한 자신감과 애정이 깊었다. 다만 시장 전체를 보는 시야는 아직 좁은 상태였다. 정통 카츠와 퓨전 돈가스의 차이, 경양식 돈가스의 구조, 가격대별 포지션의 구분, 상권마다 소비 기준이 어떻게 달라지는지에 대한 이해는 아직 정리되지 않은 단계였다. 그럼에도 목표는 이미 서울로 향해 있었다.

이 상황에서 서울은 기회라기보다 리스크에 가까웠다. 큰 시장은 실력이 부족한 브랜드에게 연습할 공간을 주지 않기 때문이다. 작은 실수는 작은 시장에서는 수정할 시간이 주어지지만, 큰 시장에서는 곧바로 탈락의 이유가 된다.

다만 이 대표의 상황은 단순히 '준비가 안 됐다'고 말할 수 있는 단계는 아니었다. 실제로 매장은 안정적으로 운영되고 있었고, 마케팅, 매장 관리, 단골손님을 만드는 방식, 직원 관리까지 전반적인 운영 수준도 준수한 편이었다. 크게 나무랄 데 없는 구조를 이미 만들어놓은 상태였다. 특히 아직 20대라는 점을 감안하면 대표의 성장 가능성은 매우 컸다. 문제는 실력이 없다는 것이 아니라 그 실력이 '어디까지 통할 수 있는가'에 대한 검증이 아직 끝나지 않았다는 점이었다.

그래서 이 사례에서 가장 중요하게 짚은 판단 기준은 이것이었다. 지금 이 브랜드가 서울에 가서 경쟁할 준비가 되었는가가 아니라 이 브랜드가 지금의 시장에서 '기준'이 되었는가. 다시 말해 손님들이 "안성에서 돈가스 하면 거기지"라고 자연스럽게 말할 정도의 위치인가, 아니면 아직 여러 선택지 중 하나인가. 아직 후자라면, 그 이동은 승격이 아니라 소진이 된다. 이 상태에서 서울로 가는 것은 브랜드를 키우는 행위가 아니라 브랜드를 시험대 위에 올려놓는 행위에 더 가깝다.

승격의 법칙에서 '1등이 되고 나서 움직여도 충분하다'는 말은 느리게 가라는 뜻이 아니다. 방향을 바꾸지 말라는 뜻이다. 이동을 목표로 삼지 말고, 기준을 목표로 삼으라는 말이다. 기준이 먼저 만들어지면 이동은 선택이 된다. 하지만 기준이 없는 상태에서의 이동은 도박이 된다. 텍스터버거 옆에 생선구이집을 붙인 선택은 바로 이 원리를 따른 것이다. 새로운 지역을 정복한 것이 아니라 이미 신뢰가 작동하고 있던 지역 안에서 브랜드의 깊이를 한 겹 더 두껍게 만든 전략이었다.

큰 시장은 언제든 갈 수 있다. 문제는 그곳에서 이기느냐가 아니라 만약 밀려나도 돌아올 자리가 남아 있느냐는 것이다. 작은 시장에서 1등이 되지 못한 브랜드는 큰 시장에서 밀려났을 때 돌아올 자리조차 애매해진다. 반대로 작은 시장에서 기준이 된 브랜드는 어디로 가든 돌아올 이유가 없다. 이미 자기 자리를 확보했기 때문이다. 그래서 승격의 법칙은 이동의 속도가 아니라 이동의 자격을 말하는 법칙이다.

1등이 되고 나서 움직여도 늦지 않다. 오히려 그때가 가장 빠른 순간이다.

독점

유일한 것이 아닌 '원하는 것'을 찾는 것

브랜딩에서 빠질 수 없는 얘기가 바로 '독점하라'다. 그런데 문제는 도대체 어떻게 독점하라는 것인지 당최 알 수가 없다는 것이다. 절대로 경쟁하지 말라고 하는데 경쟁하지 않고 사업을 할 수 있는 방법은 사실상 없다. 아마 이 글을 읽는 독자분들도 나와 같은 생각일 것이다.

중요한 건 독점의 의미를 어떻게 받아들이느냐다. 독점은 아예 경쟁하지 않는다는 의미가 아니다. 니치 시장, 즉 작은 공간을 파고들어서 해당 니즈에 부합하는 상품이나 서비스를 만들었을 때 비로소 독점할 수 있다는 의미다.

큰 브랜드와 자본력으로 싸울 수는 없고, 경쟁 업체와 동일한 방식으로 운영하면 결국 가격 경쟁에 휘말리게 된다. 동네에 있는 식당들을 보라. 똑같은 상권에서 똑같은 음식과 똑같은 서비스로 고군분투하고 있지 않은가.

독점은 유일한 것을 만드는 것이 아니다. 남들은 쉽게 따라 할 수 없지만, 고객이 강하게 원하는 것을 만드는 것이다. 중요한 부분이다. 이 두 가지가 충족되어야 비로소 경쟁하지 않고 독점할 수 있는 기틀이 마련된다.

고객이 필요로 하는 걸 찾는 건 그리 어렵지 않다. 그중에서도 남들이 하지 않는 것, 경쟁자들이 시도했다가 실패했거나 혹은 아예 시도하지도 않은 것을 하라. 그 요소를 브랜딩에 사용하게 되면 쉽게 복제되지도 않을뿐더러 '원조'라는 칭호를 얻을 수 있다.

방이동 끝자락의 한우 파는 유럽식 정육식당 '한유정'은 경쟁하지 않고 장사를 시작하게 됐다. 방이동 먹자골목은 대한민국에서 내로라하는 다양한 고깃집들이 즐비해 있는 거리다. 원래 한유정은 먹자골목 메인이 아닌 어중간한 끝에서 장사하고 있었다. 기존 고깃집들과 경쟁해서는 입지며, 메뉴며 도저히 이길 재간이 없었다.

우리는 타깃 분석을 통해 방이동의 주요 고객인 20대는 힘들다고 판단했다. 거리도 거리지만 무언가 특별한 콘텐츠가 없는 이상 그들이 방문할 리 만무했기 때문이다. 실제로 기존 매장의 매출은 점심시간대에 인근 중소기업 직장인들이나 주민들 그리고 교회 사람들이 주로 올려주는 것이었다. 결국 다른 고깃집들과 비슷하게 가성비 있는 고깃집으로 장사를 하고 있었다. 우리는 이 점에 착안했다. 가성비 고깃집이라도 느낌과 콘셉트만은 다르게 가자는 생각으로 말이다.

방이동 먹자골목에 한우 정육식당은 많지 않았다. 우리는 여기서 한 발 더 나아가 '유럽식 한우 정육식당'이라는 콘셉트로 브랜딩을 진행했다. 1+ 등급의 미경산(출산 경험이 없는 소의 암컷) 한우를 주로 취급하고 1++ 등급과 1+ 등급 중간 가격을 책정했다. 동시에 홀 인력을 최소화해서 비용을 줄였다.

또한 정육식당의 분위기를 살리기 위해 50평 매장의 한쪽에 유럽식 정육식당 형태의 정육 코너도 마련했다. 이국적이다 보니 요즘에도 손님들이 해당 정육 코너에서 사진을 찍는 모습을 볼 수 있다. 매장 내 고객들이 볼 수 있는 공간에서 갈빗대를 직접 손질했고, 수제 햄과 베이컨을 만들어 기본 반찬을 제공하고 추가 메뉴로도 판매했다.

1++과 견주어도 손색이 없는 품질의 소고기를 합리적인 가격에 제공하니 타깃 손님들이 오기 시작했다. 기존 손님들의 발길이 꾸준히 이어지는 가운데 근처 직장인들이 대거 유입됐다. 실제로 한유정의 위

치는 방이동 먹자골목보다는 근처 오피스텔이나 우아한 형제들, 한미약품 등과 가까워서 소비력 있는 사람들이 충분히 유입될 수 있는 거리다. 기존에는 가성비로 다른 고깃집들과 함께 20대 손님을 타깃으로 했다면 지금은 소비력 있는 직장인이 타깃이 된 것이다.

이처럼 독점이란 단순히 경쟁자가 없는 시장을 찾는 게 아니다. 경쟁자가 쉽게 따라올 수 없는 차별화된 가치를 구축하는 것이다. 작은 브랜드가 독점을 만드는 과정에서 이 점을 잊으면 안 된다.

블루오션 시장은 이제 더 이상 없다. 이미 경쟁이 심하다. 특히 일반 자영업은 포화될 대로 포화되었다. 하지만 그 안에도 소비자가 불편을 느끼는 지점, 기존 브랜드가 놓치는 부분은 반드시 존재한다.

그래서 우리는 고객들의 리뷰를 매번 철저히 분석한다. 경쟁 브랜드의 부정적인 리뷰를 하나하나 모아서 해체한다. 거기에 고객들의 니즈가 숨어 있기 때문이다. 현장 조사 역시 마찬가지다. 직접 가보고, 경험해보고, 느껴본 뒤에 여러 사람의 의견을 취합한다. 감에 의존하는 것이 아니라 다양한 생각을 가진 사람들이 직접 방문한 뒤에 의견을 교환하는 것이다. 트렌드 분석도 같이 진행한다. 새로운 소비 패턴을 반영할 기회가 있는지, 해당 상권 위주로 어떤 매장들이 들어서고 있는지도 충분히 확인하고 브랜딩을 진행한다.

새로운 건 누구나 만들 수 있다. 하지만 쉽게 모방할 수 없는 독창적인 요소는 난도가 높다. 예를 들어, 방이동 먹자골목에는 다양한 고깃집들이 있지만 한유정처럼 '한우 파는 유럽식 정육식당'이라는 콘셉트는 존재하지 않는다. 시선 끌기와 흥미 요소가 포함되어 있는 것이다. 매장 내에서 갈빗대를 직접 손질하는 모습 역시 다른 고깃집들과 차별화되는 요소다. 정육 기술이 없다면 절대 따라 하지 못하는 것이다. 이를 사진과 영상으로 촬영해 브랜딩 메시지를 꾸준히 전파하면 그게 바로 차별화가 된다.

한유정에서 파는 리소토도 마찬가지다. 고기를 먹고 보통은 냉면이나 볶음밥을 먹는다. 그런데 '이탈리아 비프 토마토 리소토'가 있다면 어떨까? 느끼하지 않은 레시피로 한국 사람들의 입맛에도 잘 맞게 제공된다면 특별한 경험이 될 수 있다. 콘셉트가 없는 매장에서 리소토를 파는 건 자살 행위나 다름없다. 파스타 집에서 고추장이 듬뿍 들어간 비빔밥을 파는 것과 같기 때문이다.

독점은 단순히 운 좋게 생기는 것이 아니라 전략적으로 만들어가는 과정이다. 시장 안에서 틈새를 찾고, 남들이 따라 하기 어려운 차별성을 구축해야 한다. 강력한 브랜드 스토리가 더해지면 더할 나위 없이 좋다. 고객에게 새로운 경험을 선사하고 그 기억이 오래도록 머릿속에 남아 있다면 재방문은 당연한 결과로 돌아온다.

누구에게나 응원받는 브랜드 만드는 방법

응원하게 되는 가게들이 있다. 인테리어가 투박하고, 어딘가 비효율적이고, 먹기도 불편하고, 때로는 무모해 보이는 일들을 해내는 곳들 말이다. 이상하게도 우리는 그런 곳에 끌린다.

이유는 단 하나, 그곳에서 '고생'과 '결핍'이 느껴지기 때문이다. 상상해보자. 돈으로 발라 매출 잘나오는 프랜차이즈를 운영하는 젊은 사장과 뜨거운 주방에서 부모님이 30년 넘게 해오던 음식을 자신만의 스타일로 묵묵히 발전시키고 있는 젊은 사장이 있다면 어떤 생각이 들겠는가. 거듭되는 시행착오에서 배운 실무와 내공으로 시장에서 살아남기 위해 고군분투하는 청년 사장이 있다면 응당 응원하고 싶지 않을까?

인간의 마음속에는 본능적으로 약자를 응원하려는 심리 구조가 있다. 심리학 용어로는 '언더독 효과(underdog effect)'라고 한다.

2008년 하버드대와 스탠퍼드대 공동 연구팀은 흥미로운 실험을 진행했다. 사람들에게 두 개의 가상 회사를 보여주고, 어느 회사를 더 응원하겠느냐고 물었다. 하나는 자본이 많고 이미 궤도에 오른 대기업, 다른 하나는 자금이 부족하지만 열정과 끈기로 버티는 신생 스타트업이었다. 대부분의 사람은 후자를 선택했다.

사람들은 본능적으로 약자에게 끌린다. 단순한 동정이 아니다. 심리학에서 말하는 공정성 휴리스틱(fairness heuristic)이 작동하기 때문이다. 인간은 '노력 대비 결과가 불공정하다'고 느끼면 그 불공정을 보상하고 싶다는 욕구를 갖는다. '저 사람은 더 받아야 한다'는 감정적 공정심이 일어나는 것이다.

그래서 우리는 어려운 환경에서도 꿋꿋이 버티는 브랜드를 보면 소비자가 아니라 후원자로 변한다. 결국 브랜드는 완벽해서 사랑받는 것이 아니라 불리한 상황 속에서도 버티는 태도 때문에 응원받는다.

광명의 '꽃길 뼈해장국 감자탕 1994', 울산의 '구첩식당', 동두천의 '뗏마루 참숯으로 구운 고등어'의 성공에는 완벽한 강자가 아니라 약자를 응원하게 되는 심리가 깔려 있다.

꽃길 뼈해장국 감자탕 1994는 아버지의 손맛을 딸이 이어가는 감자탕집이다. 감자탕은 외식업을 오래한 사람들도 힘들어하는 노동 집약적 업종이다. 핏물 빼기부터 초벌 삶기, 세척, 장시간의 가열, 부재료 손질까지 엄청난 노동력이 필요하다. 이에 딸은 구조의 혁신을 감행했다. 뼈를 삶는 고된 일을 회전 국솥이 대신 하게 하는 등 주방 자동화 설비투자를 통해 노동을 30퍼센트 가까이 절감한 것이다. 거기에 본인의 노력과 아이디어가 담긴 메뉴인 수비드 순살 감자탕을 만들어 젊은 세대를 겨냥했다. 그녀의 노력과 능력이 공존하는 이야기, 젊은 여성이 아버지의 손맛 가득한 한식을 지키고 버텨내는 이야기에 사람들은 그 진심을 응원할 수밖에 없다.

울산의 구첩식당은 10여 년간 다양한 외식업을 성공시켜온 젊은 남자 대표가 '대접받는다'는 감정을 전달하기 위해 진정성을 담아 세운 곳이다. 그는 단순히 반찬 개수를 늘린 것이 아니라 손이 많이 가는 반찬을 올림으로써 대접받는다는 감정의 크기를 늘리기 위해 노력했다. 손님들이 결과물에 깃든 그의 고민과 노력을 느낄 수 있었기에 이 집은 진심을 다해 밥을 차려주는 집으로 소문났고, 덕분에 매일 손님이 줄을 서야 하는 곳이 되었다.

뗏마루 참숯으로 구운 고등어는 대표의 어린 시절을 고객들과 공유하기 위해 추억을 택했다. 이 식당은 이름 그대로 고등어를 정성스럽게 뜨거운 숯불에 굽는다. 이 한 마리의 생선으로, 시골 외할머니의 손맛을 추억하게 하자는 기획이다. 추억을 통해 진정성을 추구한 것이다. 고객은 추억을 생각나게 해주는 사장을 보면서 공감을 느끼고 마음으로 응원하게 된다.

언더독 효과를 활용할 때 가장 중요한 점은 약점이나 결핍을 숨기지 않는 것이다. 사람들은 완벽함보다 결핍의 정직함에서 진정성을 느낀다. 브랜드가 가진 현실적인 약점, 작은 규모, 부족한 인력, 낡은 공간, 비효율적인 방식은 감정적 신뢰의 씨앗이 된다.

예를 들어, 자가제면 방식으로 칼국수를 만드는 '학만칼국수'는 주방을 숨기지 않는다. 면을 뽑는 과정, 만두를 빚는 과정을 손님에게 그대로 보여준다. 손님은 단순히 음식을 기다리는 것이 아니라 노동을 목격한다. 그 목격이 신뢰를 만든다.

'한일옥'은 그 모든 진정성을 품격으로 끌어올린 경우다. 세대를 잇는 불고깃집이 전통의 손맛을 그대로 지키면서도 고급스러운 인테리어와 세련된 서비스로 브랜드를 새로 태어나게 했다. 진정성은 고생에서 시작되고 그 고생이 쌓이면 품격이 된다. 그건 노력의 누적이 만든 아름다움이다.

심리학자 모리스 홀브룩(Morris B. Holbrook)은 "소비자는 브랜드의 진정성을 결과물이 아니라 태도에서 읽는다"고 했다. 사람들은 완벽한 서비스보다 서툴지만 진심 어린 시도에 더 감동한다.

손이 많이 가는 반찬을 매일 새벽 직접 만드는 사장, 단골들을 위해 방송이나 광고 유튜브 촬영을 하지 않는 사장, 불편을 감수하면서도 모든 조리 방식을 3대째 고집하는 사장. 이들이 보여주는 모습은 브랜드가 아무 말 하지 않아도 진정성의 증거로 작용한다. 사람들은 완성된 결과보다 과정을 견디는 모습에 감동한다.

약자 진정성의 법칙은 인간 심리의 가장 깊은 본능을 다룬다. 사람들은 완벽한 브랜드를 의심하고, 불완전한 브랜드를 응원한다. 그 이유는 단순하다. 미완의 불완전한 브랜드에는 완벽한 브랜드에는 없는 묵묵히 자신의 브랜드를 지켜내는 사람 냄새가 있기 때문이다.

같은 물건이 다른 가격으로 팔리는 이유

브랜드 관련 상담을 위해 찾아온 분들께 늘 하는 질문이 있다. "대표님 브랜드의 장점은 무엇인가요?"

브랜드 대표가 자신의 브랜드를 얼마나 구체적으로 정의하고 있는지, 이미 브랜딩이 되어 있는지를 확인하기 위한 질문이다. 마음속으로는 늘 구체적이고 뾰족한 답변이 나오길 기대하지만 돌아오는 대답은 대부분 비슷하다.

"우리 가게는 친절하고, 음식에 진심이고, 무엇보다 제가 성실하게 직접 고객을 대합니다."

물론 거짓말은 아닐 것이다. 하지만 이런 대답을 들으면 가슴이 답답해진다. 친절, 진심, 성실함은 누구나 내세울 수 있다. 특별하지도 차별적이지도 않다. 브랜드의 무기가 되지 못한다. 이런 순간이 바로 리브랜딩(rebranding)이 필요한 때다.

사람들은 리브랜딩이라고 하면 모든 것을 새로 갈아엎는 일이라고 생각한다. 로고를 바꾸고, 색상과 슬로건을 교체하고, 철학까지 새롭게 짠다고. 물론 그런 방식도 가능하다. 하지만 리브랜딩의 본질은 새로 만드는 것이 아니라 '다시 보이게 하는 것'이다.

방법은 여러 가지이지만 그중 가장 핵심적인 것이 바로 '맥락 재구성'이다. 기존의 장점과 자산은 그대로 두되, 고객이 그것을 바라보는 무대와 시선을 바꾸어 새로움을 만들어내는 방법이다. 다시 말해 큰 틀 안에서 본질을 유지하며 새로움을 창출하는 전략적 방법론이다.

설명만 들으면 '뭐야, 쉽잖아? 별거 없네'라고 생각할 수 있지만 실제로 해보면 가장 어려운 것이 바로 리브랜딩이다. 본질은 두고 그것을 바라보는 시선과 맥락만 바꿔야 하기 때문이다. 최소한의 변화로 최대한의 결과를 내야 하는 것이다. 여기서 많은 사장님이 불안을 느낀다. 매일 SNS에 새로운 가게와 메뉴, 공간이 쏟아지는 시대에 "조금만 바꾸자"는 제안이 약하게만 들리기 때문이다.

냉정하게 말하자면 세상에 완전히 새로운 것은 없다. 잘 들여다보면 우리가 새롭다고 느끼는 것들은 이미 있던 무언가가 다른 무대에 올라가 새로워 보이는 것뿐이다. 결국 새로움은 맥락에서 비롯된다. 이 사실을 먼저 이해해야 맥락을 재구성할 수 있다.

맥락 재구성의 이해를 돕기 위해 연극에 비유해보자. 연극의 4요소는 배우, 관객, 희곡, 무대다. 외식업으로 보면 매장 사장 혹은 직원(배우), 고객(관객), 메뉴(희곡), 공간(무대)이 된다.

직원(배우)의 맥락을 재구성한다는 건 '서비스의 연기 방식'을 바꾸는 것이다. 예를 들어, 우리가 고깃집 브랜딩을 의뢰받았다고 하자. 고깃집 사장님이 무뚝뚝하지만 일은 잘한다면, 억지로 친절을 연습시키기보다 '불판 위의 장인'처럼 보이게 만드는 연출을 선택하는 것이다. 그쪽이 훨씬 더 효과적이며 프로젝트 후에도 본인에게 어울리는 옷을 입어야 잘 유지되기 때문이다. 게다가 말보다 행동으로 신뢰를 주는 태도는 브랜드의 개성이 될 수도 있다.

고객(관객)의 맥락을 재구성한다는 건 '고객의 위치와 역할'을 새로 정의하는 것이다. 예를 들어, 주문한 음식을 기다리는 시간을 참여의 순간으로 바꿀 수 있다. 멍하니 주방만 바라보게 두는 대신, 고객이 맛있게 고기를 찍어 먹을 소스를 셀프바에서 취향껏 조합해 오게 하거나 고기 구울 장작을 직접 도끼질하게 할 수도 있다. 그 순간 고객은 단순 소비자가 아니라 공연의 일부가 된다. 관객이 무대 안으로 들어오는 순간 브랜드의 체험은 깊어진다.

이제 희곡, 즉 메뉴를 보자. 연극에서 희곡은 단순한 대사 모음집이 아니다. 작가의 의도와 세계관이 담긴 설계도이며, 극의 흐름과 갈등 구조를 정해주는 기준점이다. 배우와 무대가 그대로여도 극본이 바뀌면 공연은 완전히 달라진다. 외식업에서 메뉴 역시 단순한 음식 목록이 아니다. 브랜드가 어떤 이야기를 할 것인지, 어떤 장르로 기억될 것인지를 결정하는 설계도다.

같은 떡볶이라도 '동네 분식'이라는 장르로 풀어낼지, '극한의 매운 맛 도전'이라는 콘셉트로 기획할지에 따라 분위기와 가격, 고객층까지 달라진다. 같은 재료라도 '건강한 한 끼'라는 서사로 배치할지, '죄책감 없는 야식'이라는 감정으로 구성할지에 따라 고객이 받아들이는 의미는 전혀 달라진다. 재료는 같아도 기획이 달라지면 고객 경험은 180도 달라질 수 있다.

희곡이 배우의 동선을 정하고 대사를 지시하듯, 메뉴 역시 흐름을 설계해야 한다. 예를 들어, 코스 메뉴를 구성한다면 온도의 곡선, 식감의 리듬, 감정의 서사까지 고려해야 한다. 차가움에서 시작해 점차 온도를 올리고, 부드러움에서 바삭함으로 넘어가며, 기대에서 몰입과 감동을 거쳐 안정으로 마무리하는 구조를 설계해야 한다. 그래야 고객은 무의식적으로도 완성도 높은 경험을 하게 된다. 메뉴 기획은 단순히 맛을 나열하는 작업이 아니다. 브랜드의 의도를 따라 고객이 움직이도록 설계된, 치밀한 극본이어야 한다.

공간(무대)의 맥락을 재구성한다는 건 '공간의 관점'을 바꾸는 일이다. 같은 한식당이라도 조명의 색감이나 식기의 재질만 달라져도 경험은 바뀐다. 좁은 식당이라도 오픈형 주방으로 바꾸면 '투명성'이라는 메시지가 생기고, 테이블 간격을 넓히면 '여유'가 만들어진다. 무대가 달라지면 배우의 연기도 달라지고 관객의 태도도 달라진다.

배우, 관객, 희곡, 무대, 이 네 가지 요소는 따로 움직이지 않는다. 극본이 바뀌면 배우의 연기가 달라지고 무대가 바뀌면 관객의 반응이 달라진다. 외식업도 마찬가지다. 직원의 태도, 고객의 역할, 메뉴의 서사, 공간의 연출이 서로 영향을 주고받으며 브랜드의 새로운 맥락을 만들어낸다.

맥락 재구성을 이해했는가? 그렇다면 어떻게 해야 할까? 무엇을 그대로 두고 무엇을 바꿀지 판단하고 실행하는 게 맥락 재구성이다. 같은 것이라도 다르게 보이게 만드는 일이다.

편의점에서 700원에 사 먹는 연양갱은 그냥 간식이다. 그러나 고급 포장지와 보자기에 담아 건네면 개당 5,000원이 된다. 맥락이 달라지면서 간식이 아닌 선물이 되는 것이다. 본질(양갱)은 그대로라도 경험(고급 포장)이 달라지면 의미(선물)가 바뀌고, 의미가 바뀌면 브랜드가 된다.

여기서 주의할 점은 리브랜딩과 맥락 재구성은 같은 말이 아니라는 것이다. 리브랜딩은 브랜드의 정체성을 전면적으로 다시 짜는 큰 개념이고, 맥락 재구성은 그 안에서 '무대 전환'을 통해 새로움을 만드는 세부 기술이다. 예를 들어, 바이올리니스트가 같은 곡을 연주하더라도 길거리에서 들을 때와 오케스트라 무대에서 들을 때의 울림은 다르다. 연주자도 같고 악기도 같지만 무대가 달라지면 경험이 달라진다. 맥락 재구성이란 이렇게 '무대를 바꾸는 리브랜딩의 기술'이다.

맥락만 바꿔도 다르게 보이는 데는 심리적인 이유가 있다. 바로 프레이밍 효과다. 같은 사실도 어떤 틀에 담느냐에 따라 전혀 다르게 느껴진다.

'4인 기준 8만 원 한 상'은 부담스럽지만 '1인 2만 원 한 상'은 훨씬 가볍게 들린다. '와인 한 병 6만 원'은 비싸 보이지만 '한 잔에 1만 원'이라고 하면 접근성이 생긴다. '치킨 두 마리 2만 원' 대신 '한 마리당 만 원!'이라고 쓰면 가성비가 강조된다. '햄버거 세트 9,900원'보다 '빅버거, 바삭한 감튀, 시원한 콜라까지 다 해서 9,900원'이라고 하면 가격보다 풍성한 경험이 먼저 떠오른다. 똑같은 조건이라도 표현을 어떻게 하느냐에 따라 고객이 느끼는 가치는 달라진다.

같은 음식이라도 어디에서 누구와 어떤 분위기에서 먹었는지가 맛의 기억을 지배한다. 본질적인 맛이 같아도 맥락이 달라지면 완전히 다른 경험을 줄 수 있다.

앞서 잠시 언급했던 양갱을 어른들의 간식에서 '선물'로 바꾼 곳이 있다. 바로 '금옥당'이다. 금옥당은 최고급 재료와 섬세한 패키지로 양갱을 선물로 재해석했다. 양갱이라는 간식을 전형적인 틀에서만 바라보지 않고 디자인과 브랜드 스토리텔링을 통해 새로운 가치를 만들어 낸 것이다. 단순한 단맛의 간식이 아니라 '정성과 격식이 담긴 선물'이라는 감정적 맥락과 스토리를 입히자 양갱은 전혀 다른 정서적 영역으로 이동했다. 그 결과, 젊은 세대까지 고객으로 끌어들이는 데 성공했다.

'엽기떡볶이'도 좋은 사례다. 엽기떡볶이는 떡볶이를 단순한 분식이 아니라 '매운맛 도전 놀이'로 만들었다. '불닭볶음면'도 그렇다. 원래는 단순히 라면일 뿐이었지만 SNS 챌린지와 결합하며 세계적인 브랜드가 됐다.

'치폴레'는 1993년 미국 콜로라도의 작은 타코 가게에서 시작되었다. 처음엔 단순히 '빠르게 먹을 수 있는 멕시코 음식점' 정도로 인식됐다. 그러나 창업자 스티브 엘스는 패스트푸드의 속도는 유지하면서도 '정직한 재료'와 '조리의 투명성'을 강조하는 전혀 다른 철학을 내세웠다. 그는 패스트푸드가 아니라 패스트 캐주얼(fast-casual)이라는 새로운 장르를 만들어냈다.

치폴레는 공간의 맥락도 바꿨다. 주방을 숨기지 않고 오히려 고객 앞에 열어두었다. 손님이 토르티야 위에 올라갈 재료를 직접 선택하게 하고 그것을 만드는 과정을 보여주며 고객을 참여시켰다. 음식이 '조립되는' 대신 '요리되는' 경험으로 바꾼 것이다.

또한 'Food with Integrity(진심이 담긴 음식)'라는 슬로건을 내세워 식자재를 바꿨다. 지속 가능한 농장, 항생제 없는 고기, 신선한 채소만을 사용했다. 이곳에서 타코를 사 먹는 것은 단순히 맛있는 타코를 먹는 것이 아니라 윤리적 소비와 가치 있는 식문화를 경험하는 것이라고 의미를 부여한 것이다.

결국 치폴레는 '멕시코 타코집'이라는 좁은 카테고리에서 벗어나, '건강하고 정직한 한 끼를 경험하는 글로벌 브랜드'로 진화했다. 고객은 이제 치폴레를 단순한 음식점이 아니라 빠르지만 건강한 라이프스타일을 상징하는 브랜드로 인식한다. 이것이 바로 치폴레가 기존의 패스트푸드 맥락을 완전히 재구성해서 세계적인 브랜드로 성장한 비결이다.

오래된 한 노포 치킨집은 저가형 포차 브랜드가 인기를 끌자 급히 영어 간판과 카페형 인테리어로 변신했다. 그러나 본질적 매력(노포스러움)을 잃으면서 기존 손님은 떠나고 새로운 손님은 오지 않았다. 인스타 포토존으로 줄을 세운 카페는 본질인 음료와 서비스가 받쳐주지 않아 손님들이 한 번 사진을 찍고 나면 다시 오지 않았다. 미국에서 성공하던 버거 브랜드가 한국에서 실패한 것도 같은 이유였다. 한국 소비자에게 햄버거는 아무리 맛있어도 '이 돈이면 패밀리 레스토랑에 간다'는 생각을 들게 할 수 있다는 맥락을 무시한 것이다.

이 글을 읽는 사장님들에게 묻고 싶다. 지금 우리 가게의 구성요소 중 무엇이 진짜 본질인가? 그 본질을 다른 무대로 옮기면 어떤 의미가 생길까?

조림 메뉴가 맛있는 동네 백반집이라면 메뉴가 많은 집에서 벗어나, 가장 잘 팔리는 조림을 전면에 내세운 '조림 전문점'으로 자리 잡을 수 있다. 전만 내던 시장의 전집은 전을 메인 삼아 코스로 엮는 '시장 속 코스 요리집'으로 변신할 수 있다. 바닷가 앞의 평범한 생선구이

집은 오션뷰를 살린 카페로 전환해 성공할 수도 있다. 무대가 달라지면 손님의 시선이 달라지고, 같은 메뉴도 새로운 브랜드로 다시 태어난다.

브랜딩은 무조건 새롭게 발명하지 않아도 된다. 같은 메뉴, 같은 공간, 같은 이야기라도 맥락을 어떻게 찾아내고 어떻게 바꾸는지에 따라 전혀 다른 브랜드가 된다. 맥락이 달라지면 그동안 보이지 않던 장점이 드러나고 가려야 할 단점도 선명해진다. 같은 물건이 도매시장에서는 낮은 가격으로, 백화점에서는 높은 가격으로 팔리는 이유가 바로 여기에 있다. 당신의 노력이 싸게 팔릴지 비싸게 팔릴지는 당신의 결정에 달려 있다.

그냥 짓는 이름은 없다

이름은 단순히 부르는 말이 아니다. 이름은 방향이다. 브랜드의 이름은 고객이 그 브랜드를 '어떤 관점에서 바라볼지'를 결정짓는 출발점이 된다.

사람은 생각보다 깊게 탐색하지 않는다. 이름 한 줄로 브랜드의 첫인상을 만들고, 그 첫인상이 이후의 모든 판단을 지배한다. 그래서 브랜드가 아무리 훌륭한 철학과 상품을 가지고 있어도 이름이 모호하면 고객의 인식 속에는 존재하지 않는 것과 다를 바 없다.

대부분의 자영업자들은 이름을 가볍게 생각한다. '그냥 붙이는 거지 뭐'라는 식으로. 하지만 이름은 단순히 간판에 적히는 글자가 아니라 고객의 머릿속에서 브랜드가 차지할 '좌표'를 정하는 신호다. 어떤 음식을 파는지, 누가 운영하는지, 이 브랜드가 어떤 감정을 주는지를 압축적으로 전달한다. 다시 말해 이름은 브랜드의 정체성을 말보다 먼저 설명한다. 이름이 곧 포지셔닝인 이유다.

포지셔닝은 어디에 자리 잡을 것인가, 누구에게 선택받을 것인가를 정하는 것이다. 이때 이름이 결정적 역할을 한다. 예를 들어 '감동식당'라는 이름은 메뉴가 아니라 분위기를 먼저 전달한다. '꽃길감자탕'은 감자탕집이지만 따뜻하고 감성적인 이미지를 만든다. 반대로 이름이 단순히 '○○식당', '△△한끼'처럼 무색무취하다면 고객은 그 브랜드를 특별히 기억할 이유가 없다. 결국 이름이 브랜드의 '언어적 디자인'이자 '인지의 입구'가 되는 것이다.

좋은 이름은 브랜드의 스토리를 짧게 요약한다. 고객이 한 번 듣고도 그곳이 어떤 곳인지 그릴 수 있게 해준다. 반면 나쁜 이름은 아무리 많이 노출돼도 이미지가 쌓이지 않는다. 그래서 마케팅보다 이름이 먼저다.

이름이 명확하면 홍보는 훨씬 쉬워진다. 반대로 이름이 모호하면 광고를 아무리 해도 고객의 머릿속에는 '그냥 식당 하나'로 남는다. 결국 이름은 광고비를 절약해주는 가장 저렴한 마케팅 수단이자 가장 강력한 브랜딩 도구다.

　이름은 브랜드의 철학을 담는 그릇이기도 하다. 어떤 이름을 붙이느냐에 따라 브랜드의 방향성이 달라진다. 많은 사장님이 인테리어, 메뉴, 마케팅에만 몰두하지만 사실 이름이 잘못되면 나머지는 전부 엇박자가 난다. 이름은 브랜드의 나침반이다. 방향이 잘못 잡히면 노력은 모두 반대로 향한다. 하지만 이름이 명확하면 고객은 그 브랜드를 올바른 방향으로 이해한다. 이름은 작지만, 브랜드의 운명을 바꿀 수 있는 '첫 단추'다.

　장사는 방향의 싸움이다. 음식이 아무리 좋아도, 서비스가 아무리 완벽해도 방향이 틀리면 그 모든 노력이 헛돌게 된다. '안녀사네 한끼'도 처음에는 그랬다. 창녕의 작은 지역에서 장사를 하다가 자신감을 얻고 번화가인 창원 상남동으로 옮겨왔다. 넓어진 매장, 높아진 임대료, 늘어난 기대감. 하지만 현실은 정반대였다. 장사도, 매출도 예전만 못했다. 릴스도 찍고 광고도 해봤지만 결과는 신통치 않았다. 하루하루 고정비를 감당하느라 숨이 막혔다. 문제는 음식이 아니었다. 손님이 '이 집이 뭐 하는 집인지'조차 명확히 느끼지 못한다는 것이 문제였다.

　안녀사네 한끼는 따뜻하고 일상적인 이름이지만 문제는 바로 그

'일상성'에 있었다. 너무 평범한 이름 탓에 손님 입장에서는 동네에 흔한 한식당 중 하나로만 보였다. 한식집이 '한 끼'라는 이름을 붙이면 고객의 머릿속엔 아무 이미지도 남지 않는다. 한 끼는 매일 먹는 것이기에 차별성이 없었다. 결국 브랜드의 방향, 즉 네이밍 포지셔닝이 흐릿해졌다.

우리는 브랜드를 다시 정리해야 했다. 음식도 공간도 메시지도 모두 한 방향으로 맞춰야 했다. 그 시작은 이름이었다. 그래서 '안녀사네 한끼'를 '안여사네 제철한상'으로 바꿨다. 그러자 브랜드의 존재 이유가 완전히 달라졌다. '한 끼'가 일상의 단순한 식사였다면 계절의 신선함을 담은 '제철'과 정성을 상징하는 '한 상'을 결합한 '제철한상'은 좀 더 깊이 있는 경험을 의미했다. 당연히 고객의 인식이 달라지기 시작했다.

이름이 바뀌자 공간의 의미도 바뀌었다. 우리는 메뉴의 구성을 '제철'을 중심으로 재정렬했다. 계절마다 바뀌는 재료를 메인으로 삼고, 그날그날 가장 좋은 식재료로 한 상을 차린다는 이야기를 전면에 내세웠다. 그러자 매장의 스토리가 생겼다. '이 집은 그 계절에 가장 좋은 재료로 밥상을 차리는 곳이다.' 이름 하나가 브랜드의 세계관을 만들어낸 셈이었다.

이름이 바뀌고 나서 가장 먼저 달라진 건 손님의 반응이었다. 이전에는 그냥 스쳐 지나가던 사람들이 멈춰 서기 시작했다. 그리고 가게에 들어와 자연스럽게 "이 계절엔 어떤 메뉴가 나오나요?"라고 물었다. 브랜드의 방향이 명확해지자 소통이 달라졌다. 한마디로 이 집이 뭘 하는 곳인지 고객들이 이해하기 시작한 것이다.

변화는 매출에서도 바로 드러났다. 오픈 초기와 비교하면 지금은 매출이 거의 두 배 가까이 올랐다. 무엇보다 순이익 구조가 안정됐다. 불필요한 프로모션과 일회성 광고를 줄이고, 제철이라는 키워드로 고객이 자발적으로 찾아오게 만든 것이 주효했다. 지금은 한 달에 1,000만 원 안팎의 순이익을 꾸준히 내며, 상남동에서도 입소문이 빠르게 퍼지고 있다.

예전에는 하루하루 매출에 쫓기면서 '마케팅을 어떻게 해야 할까?' 고민하던 사장님이 이제는 '우리 철학을 어떻게 표현할까?'를 고민하게 됐다. 그래서 계절마다 새로운 메뉴를 기획하고, SNS에 '계절마다 달라지는 반찬', '제철 식재료로 만든 건강한 한 상' 등을 소개하고 있다. 음식의 의미가 달라지고 브랜드의 정체성이 확립된 것이다. 무엇보다 사장님 스스로 브랜드에 대한 확신을 되찾았다. 방향이 명확해진 것이다. 브랜드가 단순한 생계의 수단이 아닌 자신을 표현하는 언어가 되었다. 매장의 분위기도 달라졌다. 공간이 따뜻해졌고 음식에는 여유가 생겼다. 손님들은 그 온도를 느끼고 다시 돌아온다.

이게 바로 '네이밍 리셋'의 힘이다. 이름은 단순히 간판에 찍힌 글자가 아니라 브랜드의 철학이 압축된 언어이고 브랜드가 고객의 머릿속 어디에 들어갈지를 결정하는 힘이다. 같은 음식이라도 '제철한상'이라는 이름이 붙는 순간 고객은 자연스럽게 계절의 흐름과 정성을 떠올린다. 그것이 바로 이름이 하는 일이다.

'네이밍 리셋'의 핵심은 단순하다. 브랜드가 흔들릴 때는 먼저 이름을 의심하라. 이름이 브랜드의 좌표를 잃게 만들지는 않는지, 너무 평범해서 존재감이 없는 것은 아닌지. 이름은 브랜드의 첫 번째 전략이다. 이름 하나가 브랜드의 철학을 요약하고 손님이 느낄 감정의 톤을 정한다. 장사란 결국 '같은 재료로 다른 인식을 만드는 일'이다. 제품이나 서비스의 본질이 바뀌지 않아도 이름이 바뀌면 손님이 느끼는 의미가 달라진다. 이름은 작지만, 브랜드의 운명을 뒤집을 수도 있는 가장 강력한 한 줄이다.

다만 유념할 점이 있다. 이름은 단순히 예쁜 단어를 고르는 일이 아니라는 점이다. 이름은 '이 브랜드가 세상에서 어떤 자리를 차지할 것인가'를 정하는 포지셔닝의 언어다. 특히 대기업보다 중소기업 그리고 소상공인일수록 이름의 힘은 더 크게 작용한다. 왜냐하면 그들은 광고비로 인식을 사는 대신 이름으로 인상을 남겨야 하기 때문이다.

작은 가게에게 이름은 간판이자 마케팅 그리고 스토리의 첫 문장이다.

'60계 치킨'은 네이밍으로 포지셔닝을 완성한 브랜드다. 이 이름을 들으면 사람들은 본능적으로 '신선함'을 떠올린다. '매일 새 기름으로 60마리만 튀긴다'는 뜻이 숨어 있기 때문이다. 단어 하나에 조리 철학, 품질 기준이 모두 들어 있다. 브랜드는 '빠름'이나 '싸다'가 아니라 '신선함'이라는 좌표로 자신을 고정시켰다. 이건 단순히 언어의 선택이 아니라 포지셔닝의 선택이다.

패션 브랜드 '무신사(무진장 신발 사진이 많은 곳)' 역시 네이밍 포지셔닝의 교과서적인 예다. 처음엔 온라인 커뮤니티였지만, '무신사'라는 이름 하나로 자신들의 정체성을 유머러스하게 각인시켰다. 브랜드가 성장하면서도 그 언어적 정체성은 변하지 않았다. 유쾌함, 전문성, 트렌드 중심의 플랫폼이라는 이미지가 네이밍 안에 그대로 남았다.

또 다른 사례로, 친환경 브랜드 '트리플래닛(Tree Planet)'은 이름 하나로 '지구를 지키는 행동'을 명확히 보여준다. '트리'와 '플래닛'의 결합은 '나무를 심어 지구를 보호한다'는 메시지를 직관적으로 전달한다. 실제로 트리플래닛은 소비자가 제품을 구매하거나 캠페인에 참여할 때마다 전 세계에서 나무를 심는 프로젝트를 운영해왔다. 사용자는 세제를 사거나 구독 서비스를 이용하는 일상적인 소비를 통해 숲을 만들고 미세먼지 저감, 탄소 흡수 같은 환경적 가치를 함께 만들어낸다. 다시 말해 이 브랜드는 '물건을 사는 행위'를 '지구를 돕는 행동'으로 전환시키고 있다. 이름 하나가 곧 브랜드의 선언문이고 소비자는 그 선언에 동참하는 경험을 한다.

작은 브랜드에게 포지셔닝은 시장점유율이 아니라 '머릿속 점유율'의 문제다. 이 브랜드는 어떤 이미지로 기억되는가가 핵심이다. 그래서 좋은 네이밍은 세 가지를 충족해야 한다. 첫째, 명확해야 한다. 둘째, 감정을 건드려야 한다. 셋째, 기억에 남아야 한다. 명확함은 '이 브랜드가 무엇을 하는 곳인가'를 한눈에 이해시키는 힘이고, 감정은 '그 브랜드를 왜 좋아해야 하는가'를 설명하는 온도다. 길고 복잡한 이름은 한번에 기억되지 않는다. 그러니 감정이 꽂히는 단어 하나를 고르는 것이 이상적이다. 예를 들어 '꽃길감자탕'은 단순한 감자탕집이 아니다. '꽃길'이라는 단어 하나로 '응원받는 집, 위로받는 한 끼'라는 메시지를 전달한다. 고객은 그 감정을 기억한다. 기억에 남는 이름은 결국 '다시 찾아오게 만드는 이유'가 된다.

그런데 작은 브랜드의 네이밍에는 이 세 가지 중 하나가 빠져 있는 경우가 많다. 예를 들어 '행복한 하루', '더 테이블' 같은 이름은 따뜻하지만 모호하다. 이름만으로는 어떤 업종인지, 어떤 차별점이 있는지 감이 오지 않는다. 이런 이름은 듣는 순간 잊힌다. 반면 '감동식당'은 분위기를 먼저 말해준다. 식당이지만 단순한 식당이 아니라 감동적인 경험을 주는 브랜드임을 암시한다. 고객은 이름만 듣고도 이미 그 공간의 색을 상상한다. 이게 바로 포지셔닝이 작동하는 방식이다.

또한 좋은 네이밍은 브랜드의 철학을 숨기지 않는다. 이름 속에 가치가 담겨 있어야 한다. '불티나 이모네전'의 코스 메뉴인 '불티나 이모카세'가 그 좋은 예다. '불티나 이모카세'는 시장 안의 허름한 전집을 '한식 오마카세'라는 개념으로 재해석한 브랜드다. '불티나'라는 단어에는 활기, 열정 그리고 시장의 에너지가 들어 있고, '이모카세'에는 익숙한 정서와 새로움이 결합되어 있다. 이 이름 하나로 브랜드의 정체성이 완성된다. 불티나 이모카세를 본 사람은 시장이라는 공간을 새롭게 본다. 그 순간 네이밍에 의한 포지셔닝이 완성된다.

반대로 나쁜 네이밍은 브랜드를 혼란스럽게 만든다. '고급 한정식'이라는 문구를 써놓고 이름은 '우리집밥상'이라고 하면 고객은 혼란에 빠진다. 이름과 포지셔닝이 불일치하면 브랜드는 신뢰를 잃는다. 고객의 뇌는 단 한 번의 불일치에도 즉각 반응한다. 말과 행동이 다르다고 느끼는 순간 신뢰가 끊긴다. 이름은 브랜드의 정체성과 일관되어야 한다.

작은 브랜드의 네이밍이 특히 중요한 이유는 그 이름이 대표의 철학을 대변하기 때문이다. 대기업은 마케팅팀과 예산이 있지만, 작은 브랜드는 대표의 말 한마디와 표정, 간판 한 줄이 전부다. 그 한 줄이 바로 브랜드의 진심을 대신한다. 그래서 단순히 브랜드가 아니라 대표 자신을 설명하는 이름이 좋은 이름이다.

요즘 소비자들은 화려한 마케팅보다 '진정성 있는 이야기'를 원한다. 그래서 네이밍은 기술보다 태도의 문제에 가깝다. 가게의 철학, 사장의 생각, 손님의 감정을 동시에 담아야 한다. 이름이 곧 태도이자 선언이 되는 시대다.

3부

고객 경험 설계
Customer Experience

고객과 어떻게 관계를 맺고
어떤 경험을 만들 것인가

오감 체험

"식당 하나에 뭘 그렇게까지?"

오래전 김도현 대표가 유튜브 '장사 권프로'에 출연해 "공기 중의 습도, 공간의 밀도까지도 중요하다"고 말한 적이 있다. 당시 인터뷰 영상에 이해할 수 없다는 댓글이 달렸다. 식당을 운영하는 데 그런 것까지 신경 써야 하냐면서 말이다. 신경 써야 한다. 일명 '오감 체험'은 특히나 식당에서 가장 중요하게 생각해야 될 부분이다.

우리는 식당의 핵심이 '맛'이라고 많이 생각하지만 사실 맛보다 중요한 요소들이 있다. 바로 시각, 청각, 후각, 미각, 촉각을 아우르는 '오감의 영역'이다. 어떤 공간에 들어섰을 때 공기의 밀도가 다른 곳은 확실히 후각에서부터 느낌이 좋다. 특정한 색감이 시선(시각)을 사로잡고, 공간을 가득 채운 소리(청각)가 분위기를 만든다. 손끝에 닿는 재질(촉각)이 묘하게 익숙하거나 새로워서 기억에 남게 되고, 낯선 향(후각)이 감각을 깨우면서 잊지 못할 추억으로 자리 잡게 된다. 미각은 가장 마지막, 엄청나게 맛있지 않아도 이미 혀는 허락할 수밖에 없다. 몸 전체로 모든 걸 느꼈기 때문이다.

실제로 식당으로 크게 성공하신 분들은 후각과 청각에 특히 예민하다. 매장에 들어서는 순간 나는 냄새로 첫인상이 결정된다고 굳게 믿는다. 그래서 청소 상태나 환기 상태를 더욱더 타이트하게 관리한다. 청각 역시 마찬가지다. 귀를 막지 않는 이상 어느 쪽으로 고개를 돌려도 매장 안의 소리를 들을 수밖에 없는 게 식당이다. 강제성을 띠는 오감의 영역 중 하나인 셈이다. 매장의 콘셉트는 중국풍인데 노래는 최신 가요가 나온다면? 콘셉트는 캐주얼펍인데 발라드가 간혹 섞여서 나온다면? 모두 '오감 체험 법칙'에 어긋난다.

식당 사장님들에게 오감의 중요성에 대해 이야기를 하다 보면 "에이, 그렇게 못 해요. 바빠 죽겠는데 언제 그런 것까지 신경 써요. 안 돼요"라고 하는 경우가 대다수다. 맞다. 쉽지 않다. 하지만 방법이 있다. 오감의 영역에서 강조할 건 강조하고 뺄 건 빼면서 균형을 맞추는 것이다. 그렇게 잘 조절하면 그 뒤로는 크게 신경 쓰지 않아도 된다. 세팅값이 중요한 것이지 운영에는 큰 에너지나 노동력이 들어가지 않는다는 말이다.

가장 큰 예는 주방의 위치다. 주방은 늘 출입문과 가장 먼 안쪽에 배치되어 있다. 요리하는 과정을 볼 수 없게 꽉 막아놓는다. 요즘은 오픈 주방이라는 개념이 있어 좀 나아졌지만 사실 오픈 주방만으로는 부족하다. 고객이 요리 과정을 직관적으로 체험하게 하면 훨씬 더 맛있게 먹고 흥미를 돋궈줄 수 있다. 한번 세팅해놓으면 크게 신경 쓸 것이 없다.

족발을 팔아 건물을 산 등촌동의 '하영족발과 보쌈'은 족발 삶는 걸 직접 보여주기 위해 주방에 창을 뚫었다. 장안동에 있는 베이커리 카페 '정화'는 그 작은 공간에서 빵 만드는 걸 직접 볼 수 있어 동네에서 인기가 많다. 용산의 '심퍼티쿠시'는 처음부터 주방을 직관할 수 있는 구조로 설계해 인기 없을 안쪽 테이블을 인기 있게 만들었다. 주방을 단순히 요리하는 공간으로 생각하기보다 설계부터 오감 체험을 고려하면 마케팅이 된다. 오감 체험 법칙은 그리 멀리 있지 않은 것이다.

음식점에서 손님들은 종종 주방을 궁금해한다. "저 요리는 어떻게 만들어질까?" "재료는 신선할까?" 하지만 대부분의 식당에서는 주방이 가려져 있어, 고객은 그저 완성된 요리를 받아들 뿐이다. 그런데 만약 조리 과정이 눈앞에서 펼쳐진다면?

칼국숫집에서 흔히 볼 수 없는 반죽실을 매장 출입구 쪽에 배치했다면 어떨까? 그것도 투명창을 통해 지나가는 사람들까지 다 볼 수 있도록 말이다. 밀가루가 반죽기에서 섞이고, 숙성된 반죽이 손으로 눌리고, 긴 면발이 뽑혀 나오는 과정이 사람들 눈앞에서 그대로 펼쳐진다. 소리는 찰지고, 향은 구수하며, 면이 늘어나는 순간의 탄력까지 눈으로 확인된다. 이때 손님은 단순히 칼국수를 주문하는 고객이 아니라 그 탄생을 직접 목격하는 관객이 된다.

24년 전통의 칼국숫집 '학만 칼국수'가 그렇게 운영된다. 2세 경영을 준비하던 학만 칼국수는 매장의 리브랜딩이 절실했다. '똑똑한 사장들의 모임' 세미나에 참석하면서 함께 프로젝트를 진행하기로 했고 '오감 체험 법칙'을 확실하게 적용해 아예 새로운 브랜드가 탄생했다.

이곳에 가면 손님들은 이미 맛있을 수밖에 없는 퍼포먼스를 직접 관전하면서 칼국수에 대한 기대감을 품고 매장에 입장한다. 1세대 경영자인 아버님에게 깔끔한 셰프복을 입히고 밖에서도 볼 수 있는 반죽 공간을 만들어 그곳에서 반죽을 하게 했다. 반응은 폭발적일 수밖에 없다. 해당 퍼포먼스는 사진으로도 촬영해 네이버 플레이스에 올려놓았다. 온라인을 통해 매장을 구경하는 예비 손님들에게도 해당 모습은 기억에 남는다.

하나의 시각적 장치일 뿐이지만 오감이 동시에 반응하게 된다. 그곳에서 먹는 칼국수는 단순한 음식이 아니다. 손으로 만들어지는 과정을 보면서 신뢰가 쌓이고, 반죽의 질감을 시각적으로 느끼게 되며, 익어가는 면에서 풍겨오는 향이 미각을 자극한다. 그리고 이 모든 과정은 결국 강렬한 브랜드 경험으로 남는다.

이처럼 브랜드를 만들 때는 설명하는 것보다 '직접 보여주는 것'이 더 강력한 힘을 가진다. 사람들이 머리로 이해하는 것이 아니라 몸으로 체험하도록 설계하는 것. 이것이 '오감 체험 법칙'이 말하는 핵심이다.

소비자들은 단순한 제품이나 서비스보다 체험적 요소가 결합된 브랜드 경험을 원한다. 고객이 직접 눈으로 보고, 손으로 만지고, 냄새를 맡고, 소리를 듣고, 맛을 보는 과정에서 브랜드를 직관적으로 경험하게 해야 한다. 즉 고객이 '설명 없이도' 브랜드의 본질을 감각적으로 체험하도록 설계하는 것이다.

이 법칙만 잘 활용하면 고객은 단순한 구매자가 아니라 브랜드의 참여자가 된다. 이는 신뢰도를 높이고, 기억에 남는 브랜드 경험을 제공하며, 결국 충성도 높은 단골을 만든다.

제주도에는 해녀 문화를 현대적으로 재해석한 공간인 '해녀의 부엌'이 있다. 이곳은 단순한 식당이 아니라 제주의 전통적인 해녀 문화를 오감으로 체험하게 하는 브랜드 공간으로 설계되었다. 해녀들의 실제 이야기가 담긴 공간에서 해산물을 맛보는 것은 단순한 외식이 아니라 하나의 문화 체험이 된다. 해녀가 하는 식당은 많다. 하지만 해녀의 부엌은 다르다. 오감을 넘어 육감의 영역에까지 갔기 때문이다.

해녀의 부엌은 어떻게 '오감 체험 법칙'을 적용하여 강렬한 브랜드 경험을 제공하고 있을까?

해녀의 부엌은 예약할 때부터 식당의 이미지가 사라진다. 하나의 이벤트에 참여하고 있다는 느낌을 받기 때문이다. 실제로 해녀의 부엌을 예약하고 독특한 문자를 하나 받은 기억이 있다. 식사 도중 사연을 소개하고 해녀와 함께 사진을 찍는 이벤트에 당첨되었다는 문자였다. 그때 같이 소개할 사진을 한 장 보내달라고 했는데 나로서는 꽤나 감동적이었다. 시작부터 아주 좋은 기분을 느끼게 해주는 모습에 기대감이 높아졌다.

해녀의 부엌에 도착해 입장할 때도 여느 식당들과는 사뭇 다른 분위기가 느껴졌다. 웰컴 주스부터 식당에 입장하는 느낌보다는 공연장에 들어가는 기분을 줬기 때문이다. 해녀의 부엌은 해녀들의 삶을 담은 연극 공연, 짧은 영상 다큐멘터리, 해녀들의 물건에 대한 이야기 등 다양한 오감의 경험을 제공했다. 특히나 해녀들의 도구를 직접 만져보고 체험하는 촉각적 경험은 해녀들의 작업 환경과 도구에 대한 이해를 높일뿐더러 해녀의 부엌과의 연결고리를 강화한다.

가장 기억에 남는 건 음식에 대한 모든 스토리를 아주 상세히 알려주는 것이다. 설명도 설명이지만 영상과 음악도 인상적이었다. 특히 해녀가 직접 등장하여 설명해주는 부분이 큰 감동을 주었다.

예를 들어, 제주도에서 떡이라고 하면 오메기떡이 가장 유명하다. 만약 해녀의 부엌에 오지 않았다면 나는 평생 오메기떡만 알고 상웨떡은 몰랐을 것이다. 상웨떡은 제주도의 전통 장례 문화에서 유래된 600년 역사의 떡이다. 이외에도 다양한 식재료와 음식에 대한 상세한 설명은 기존에 내가 먹던 제주도의 음식과는 완전히 차별화되어 있었다. 중간중간 손님들의 사연을 소개하고 함께 사진을 찍고, 또 이어지는 식사는 식당에서 느낄 수 있는 오감 그 이상이었다. 오감 체험 법칙이 완벽하게 적용된 케이스인 것이다.

우리 둘만 아는 비밀

철판구이집에 갔다고 생각해보자. 불길이 올라오고 철판이 요란하게 울리는 장면이 내 눈앞에 펼쳐진다. 그러다 셰프가 식사 중인 내게 다가와 말한다. "직접 한번 고기를 뒤집고 불쇼를 해보시겠어요?"

주걱을 들고 철판 앞에 선다. 고기를 살짝 뒤집는 순간 셰프가 고기에 고량주를 붓자 불길이 솟구친다. 함께 온 일행의 카메라 세례와 환호가 터져 나온다.

그 순간만큼은 식당이 무대이고 손님이 배우다. 손님을 단순히 서비스받는 관객으로 두지 않고, 무대의 배우이거나 무대 뒤를 들여다

보는 내부자로 초대하는 감정 설계, 이를 '내부자 경험 디자인'이라고 한다.

또 다른 예로 바비큐집을 생각해보자. 사장이 손님에게 장난스러운 표정으로 "오늘 불이 조금 약한데, 혹시 장작 한번 넣어보실래요?"라고 묻는다. 뒤쪽 바비큐 그릴이 모여 있는 공간으로 안내받은 손님은 사장이 준비한 참나무 장작을 직접 패서 그릴에 넣고, 불이 타오르는 모습을 바라본다. 불길이 번지고 사장이 "오, 잘하시네요? 오늘 드실 고기는 직접 팬 장작으로 구워서 내어드리겠습니다"라고 말한다면? 그 순간 손님은 자신이 이 식당의 조연이 아닌 진짜 스태프이자 내부자가 된 듯한 감정을 느낀다. 그 체험은 단순한 구경이 아니라 조명 뒤의 조정실을 엿본 경험처럼 특별하게 남는다. 장작의 온도, 불의 소리, 손끝의 감각까지 함께 기억된다.

이것이 바로 내부자 경험 디자인의 본질이다. 식당을 무대로, 손님을 관객이 아닌 배우로 세우는 것. 무대 뒤편의 대기실, 조정실, 기술 공간을 들여다보게 해서 그가 잠시라도 브랜드의 안쪽 세계를 체험하게 하여 '우리끼리만 아는 장면'이 만들어내는 감정의 공유를 일어나게 하는 것, 그게 바로 브랜딩이다.

내부자 경험 디자인 전략이 고객의 관심을 불러일으키고 브랜드에 대한 충성도를 높인다는 것에는 분명한 심리적 근거가 있다. 첫째, 관계의 각인 효과다. 브랜드가 진심 어린 순간을 보여주면 그 경험은 강한 흔적을 남기고 이후의 선택에 영향을 준다. 둘째, 소속 욕구다. 누구나 어떤 집단에 속하고 싶어 하고, 내부자 대우는 심리적 소속감을 강화해 자발적 홍보로 이어진다. 셋째, 가벼운 불안의 전환이다. 예상치 못한 특별 대우 앞에서 "내가 받아도 되나?" 하는 긴장감이 생기지만, 곧 "이 집은 진짜구나"라는 애착으로 바뀌며 생경한 경험을 통해 기억의 강도가 커진다.

고기를 굽게 하는 것, 장작을 넣어보게 하는 것 등은 원래 내부자의 일이다. 그런데 고객이 예상치 못한 순간에 내부자처럼 대우한다면 순간 불안할 수도 있지만 그 불안감은 '나를 진짜로 여겨주는구나'라는 감정으로 전환된다. 요컨대 '내가 이 브랜드의 일부가 된 것 같다'는 착각을 설계하고, 그것이 실제 관계로 굳어지게 만드는 전략이다. 결과는 재방문과 자발적 추천이다.

어떻게 고객에게 내부자 경험을 줄 수 있을까? 좋은 서비스와 연출은 종이 한 장 차이다. 과하면 가식이 되고 부족하면 감동이 사라진다. 핵심은 진심과 연출의 경계를 세밀하게 다루는 일이다. 울산의 한 소고깃집은 고기 손질 중에 나온 파지살을 작은 봉지에 담아 몇몇 손님에게 건네며 "내일 미역국 끓여드세요"라고 말한다. 비싼 것은 아니지만 '우리만 아는 이야기'가 생기면서 경험이 단순 외식에서 체험으로 변한다. "그 집은 고기도 맛있고 집에 갈 때 미역국 거리도 챙겨줘요"라는 구전이 탄생한다.

내가 직접 방문했던 한 오마카세집에서도 이런 경험을 했다. 식사 도중 문어 요리가 나왔는데 놀라울 정도로 부드러웠다. 내가 "이 문어 정말 부드럽네요"라고 말하자 셰프가 웃으며 이렇게 말했다. "이건 저희 가게만의 비법인데요, 무를 세 시간 동안 끓인 물에 소금 ×그램을 넣고 정확히 12분 삶아야 이 식감이 나와요. 너무 오래 데치면 질겨지고 너무 잠깐 데치면 물컹해지거든요."

정확한 시간과 재료 비율까지 설명해주길래 순간 '이래도 되나?' 싶었지만 동시에 나만 아는 비밀을 공유받은 듯한 느낌이 들었다. 그 짧은 공개에는 '당신이라서 알려드리는 거예요'라는 신뢰의 메시지가 담겨 있었다. 모두에게 공개했다면 이벤트가 되었겠지만 나에게만 알려주는 즉흥적이고 진심 어린 공유였기에 '특별한 신뢰의 표시'로 느껴졌다.

사람은 누군가의 영업 비밀을 공유받는 순간 그 브랜드에 대한 관점을 바꾼다. "이 집은 나를 진짜로 믿는구나." 그렇게 형성된 신뢰는 단순한 만족을 넘어 '그 집은 진짜야'라는 확신으로 변한다. 때로는 이야기를 조금 들려주는 것만으로 충분하다. 그 순간 고객은 '이야기를 함께 아는 사람', 즉 내부자가 된다.

단, 주의할 점이 있다. 바로 과잉 노출이다. 다시 한번 강조하지만, 모든 손님에게 똑같이 제공되는 것처럼 전달된다면 특별한 대우가 아니라 흔한 프로모션이 된다. 가끔, 예기치 못한 타이밍에, 선택받은 것처럼 제시해야 관계가 형성된다. 돈보다 마음을 남기는 것이 핵심이다. 사람은 무엇을 받았는가보다 어떤 마음으로 받았는가를 기억한다. 내부자 경험은 혜택의 크기가 아니라 관심의 세기 문제다.

관계를 통해 브랜드를 체험하게 하는 감정 연출. 손님은 식당에서 음식을 먹지만 실제로는 대우의 감정을 먹고 간다. 맛은 금방 사라지지만 특별히 대우받았다는 감정은 오래 남아 충성도로 변한다. 이 전략이 작동하면 식당은 단순한 장소가 아니라 손님이 동료가 되는 인간관계의 무대가 된다. 손님이 무대 뒤편, 즉 브랜드의 내부로 초대되는 순간 관계는 거래를 넘어 공유된 이야기로 바뀐다.

내부자 경험 디자인은 고객이 '이 식당의 사람'이 된 듯한 감정을 설계하고, 그 감정이 실제 애착 관계로 굳어지게 하는 전략이다. 그때 브랜드는 그냥 식당이 아니라 나의 소중한 일부처럼 느껴진다.

단 22개 피드만으로 2만 팔로워

니즈에 의한 브랜드를 만들라는 건 고객이 원하는 브랜드를 만들라는 것이다. 그런데 도대체 어디서 그 니즈를 찾을 것인가. 지나가는 사람들에게 다짜고짜 물어볼 수도 없고 말이다. 그렇다고 전문가에게 맡겨버리면 꽤나 큰돈이 든다. 작은 브랜드는 엄두도 못 내는 방식이다.

두유를 전문으로 만드는 한 브랜드는 처음부터 고객의 참여에 의해 만들어졌다. 인스타그램에 피드를 올릴 때 참여자가 모집되지 않으면 아예 브랜드를 만들지 않겠다고 공지했다. 그리고 브랜드를 만들어나가는 과정 자체를 예비 고객들과 함께했다. 테스트 상품을 발송해가면서 브랜드 로고, 상품 그리고 맛에 대한 조언을 듣고 니즈를 파악했다. 즉 브랜드의 시작부터 상품의 출시까지 모두 고객의 참여에 의해 기획되고 생산까지 되었다.

너무 작은 브랜드라 검색해도 아예 나오지 않는다. 나도 기억이 가물거릴 정도다. 다만 해당 브랜드는 아주 강력한 팬덤을 가지고 있다. 이처럼 SNS를 이용해 예비 고객들의 니즈를 계속 반영하는 브랜드는 시작은 느리고 작을지언정 꾸준히 고객들의 사랑을 받는다. 고객 참여가 브랜딩에 미치는 영향은 지대하기 때문이다.

유튜브부터 시작해 갖가지 SNS가 범람하는 시대다. 스레드로 브랜드의 시작을 알리는 사람도 많고, 인스타그램에서 영상으로 브랜드의 제작 과정을 노출시키기도 한다.

제주도에 있는 '대한목장'은 단 22개의 피드만으로 2만 팔로워를 달성했다. 매장이 오픈되기도 전에 피드와 릴스를 올렸다. 71년생인 정병철 대표는 그냥 동네 아저씨 같은 푸근한 인상이다. 무언가 독특하고 특별해서 릴스를 올리면 조회수가 빵빵 터지는 그런 캐릭터가 아니다.

그는 푸근한 인상에 걸맞게 첫 릴스에서도 대한목장의 역사와 본인의 스토리를 덤덤하게 이야기한다. 그리고 '대한목장 카페'를 오픈하는 김상진 대표도 역시나 릴스를 올린다. 어떻게 대한목장에 카페를 만들게 되었는지, 어떤 마음가짐으로 해당 브랜드를 준비하는지 그리고 여자 친구와 함께 어떻게 카페를 일구어나갈지 아주 디테일한 이야기까지 했다. 또한 예비 손님들에게 어떤 브랜드를 경험하고 싶은지 꾸준히 묻고 답했다.

대한목장 카페는 오픈하기 전부터 입소문을 탔다. 그렇다고 해서 우리가 흔히 이야기하는 '맛집'으로 언론에 나오거나 사람들이 줄을 서는 정도는 아니다. 다만 그냥 조용히 준비해서 조용히 오픈하는 그런 브랜드와는 사뭇 다른 시작임은 확실하다. 이미 2만 명 이상의 예비 고객을 확보했기 때문이다.

성신여대역 1번 출구에서 300미터 정도 떨어진 '금뚜껑'이라는 고깃집도 고객 참여에 의해 만들어진 브랜드다. '똑똑한 사장들의 모임' 세미나를 운영할 당시 자주 참석했던 세 명의 혈기 왕성한 젊은 친구들이 동업으로 시작한 가게다.

금뚜껑은 매장에서 선택해야 하는 아주 사소한 것까지 팔로워들에게 물어봤다. 예를 들면, 유니폼의 색깔이나 로고의 모양 등 고객들이 어떤 걸 좋아할지 모르니 투표를 해달라는 식이었다. 실제로 금뚜껑은 단골 비중이 꽤나 높다. 고객들이 참여할 수 있는 스톱워치 이벤트(제시된 정확한 시간에 스톱워치를 누르는 것)도 꾸준히 진행하면서 고객과 브랜드 간의 온도를 높이고 있다.

고객은 자신이 직접 참여하는 브랜드를 '내 것'처럼 느끼는 경향이 있다. 그래서 한번 팬이 되면 쉽게 떠나지 않는다. 한번이라도 참여한 고객은 자발적으로 브랜드를 주변에 알린다. 자연스러운 바이럴이 생겨나는 것이다. 체험을 통해 브랜드의 가치나 메시지를 이해하게 되면서 단순한 소비자에서 '지지자'가 되는 것이다. 소통에 의해 브랜드가 반응하는 재미도 한몫한다. 결국 고객이 원하는 방향으로 개선되기 때문에 사랑받을 수 있게 되는 것이다. 작은 브랜드의 유일한 특권이 아닐까 싶다.

고객의 니즈와 상관없이 이미 브랜드를 운영 중인 경우도 있을 것이다. 이 경우 이제껏 해오던 마케팅이나 브랜딩이 아주 일방적이었다는 느낌이 들 수 있다. 특히나 '고객 참여' 브랜딩이라는 이 글을 읽고 나서 말이다. 하지만 전혀 문제될 건 없다. 지금부터라도 고객이 참여할 수 있는 여지를 만들면 된다. 크게 어렵지도 않다. 한 가지 사례를 보면 어떤 방식으로 진행해야 할지 충분히 감이 올 것이다.

전라도 광주에 '굽탄'이라는 고깃집이 있다. 송정동에서 '연탄'이라는 이름으로 고깃집을 오랫동안 운영하다가 '굽탄'으로 상호를 변경한 이곳은 고객들의 의견에 무척이나 세심하게 반응한다. 특히나 QR코드나 카카오톡, 문자로 손님들에게 일일이 설문조사를 하고 의견을 받는 것으로 유명하다. 굽탄은 그렇게 수집된 의견을 토대로 리스트업을 해서 하나하나 개선해나간다.

실제로 굽탄이 구글 설문폼으로 열흘간 진행한 고객 만족도 설문조사에는 총 242명이 참여했다. 객관식 평가와 주관식 평가를 적절히 배분하여 설문을 했고, 다섯 가지 항목에서 5점 만점에 모두 4점 이상을 받았다. 주관식 질문은 매장의 개선 사항과 직원 칭찬에 관련된 것인데 '협소한 매장이 불편'하다는 의견이 총 27건으로 가장 많았다. 이외 다양한 의견들을 취합해서 하나하나 개선해나가겠다는 취지의 인스타그램 피드를 올리면서 좋은 반응을 얻었다.

그 뒤로 인스타그램에서는 월간 굽탄이라는 피드를 올리면서 고객 참여를 이끌어냈다. 예를 들면, 10월 출간본에서는 국군의 날에 국군 장병들에게 30퍼센트 할인해주는 이벤트를 안내하고 개천절에 특별 출시된 '비건웅녀'라는 세트 메뉴를 홍보하기도 했다. 쑥, 통마늘, 대파, 표고 슬라이스가 포함된 세트다. 그리고 신입 직원의 짧은 인터뷰를 같이 삽입하면서 손님들에게 큰 반응을 이끌어냈다.

결국 고객 참여는 단순한 의견 수렴을 넘어서서 고객이 브랜드를 함께 만들어간다는 소속감을 형성하는 것이다. 이런 참여형 시스템은 크게 두 가지 효과를 가져온다. 첫째, 고객은 단순 소비자가 아니라 브랜드의 '공동 창작자'가 된다. 둘째, 브랜드는 끊임없이 시장과 호흡하며 스스로 진화하는 힘을 갖게 된다. 그래서 진정한 고객 참여형 브랜드는 빠르게 변화하는 대신 고객과 함께 올바른 방향으로 깊어지는 브랜드가 된다.

'고객의 참여를 이끌어내는 브랜드만이 고객의 마음속에 살아남는다'는 말은 어쩌면 마케팅이 난무하고 돈을 많이 써야 노출이 되는 이 시기에 더 효율적인 브랜딩 방식이 아닐까? 우리에게 반드시 필요한 방법이다.

노동 치환

손님에게 일을 시키면 생기는 변화

외식업 현장에서 가장 많이 듣는 하소연이 있다. 바로 "사람 한 명만 더 있으면 참 좋겠다"는 말이다.

들쑥날쑥하는 매출에 인원을 많이 뽑아두고 유지하기에는 너무 겁나는 세상이다. 어쩌다 매출이 많이 나오는 날, 주방은 숨 막히게 덥고, 음식은 오래 걸리고, 홀은 정신없고, 손님은 끊임없이 들어온다. 그때 사장님들의 머릿속을 때리는 단어가 바로 인건비다. 더 많은 직원을 써야 할까, 아니면 메뉴를 줄여야 할까? 사람을 줄이면 서비스가 떨어질 것 같아 불안하고, 늘리면 고정비가 감당이 안 된다. 끝없이 반복되는 고민이다.

그럴 때 난 이렇게 되묻곤 한다. "사장님, 손님들이 지금 뭘 하고 계시죠?" 그러면 사장님은 잠시 멈칫하다가 답한다. "뭘 하긴요, 그냥 앉아서 음식을 기다리고 계시죠." 몇 초 뒤 질문의 뜻을 알아챈 사장님이 말한다. "아, 그러고 보니 손님들이 아무것도 안 하고 있네요?"

여기서 중요한 포인트가 나온다. 인건비를 꼭 인건비로만 바라봐야 하는 건 아니란 점이다. 같은 행위이지만 누가, 어떻게 하느냐에 따라 어떤 맥락에서는 노동으로, 어떤 맥락에서는 경험으로 인식될 수 있다.

외식업은 본질적으로 노동 집약 산업이다. 사람의 손길이 닿아야 하는 과정이 너무 많다. 그런데 모든 노동을 비용으로만 계산할 수 있는 건 아니다. 고객이 직접 참여하고 '경험'하도록 설계하면, 그 노동은 비용이 아니라 충성도로 바뀐다.

예를 들어보자. 고깃집에서 직원이 직접 고기를 구워주면 친절이지만, 손님이 직접 굽게 하는 대신 보상이나 재미가 확실하다면 경험이 된다. 수제비를 주방 안에서 다 떼어 넣어 국물에 담아 나오면 직원들에게는 노동이지만, 무한 리필로 수제비를 제공한 뒤 고객이 직접 떼어 넣게 하면 경험이 된다. 무한 리필이라는 직접적인 보상이 따르는 경험 말이다.

사장 입장에서는 노동이지만, 손님 입장에서는 '여기서만 할 수 있는 놀이'가 되는 것들. 같은 동작이 누구에게는 노동이고, 누구에게는 경험이 된다는 사실을 기억하고 브랜드 경험 설계를 통해 노동을 경험으로 바꾸는 것이 중요하다.

이렇게 '도전-보상-피드백'의 게임 구조를 통해 고객의 '자율성'과 '협업' 경험을 극대화하여 고객의 브랜드 경험을 차별화하는 마케팅 행위를 게이미피케이션(gamification)이라고 한다. 게이미피케이션의 핵심 근거는 동기부여, 행동 변화, 몰입 경험 등에 기반한 다양한 심리학 및 교육심리학 이론에서 찾을 수 있다.

고객이 게임의 규칙, 도전, 보상 요소를 경험함으로써 자발적 참여와 만족도가 높아진다는 점은 수많은 학술 연구에 의해 뒷받침되고 있다. 점수 따기와 미션 수행을 통한 소비자 몰입과 인건비 절감 효과는 신뢰할 만한 심리학적·행동경제학적 이론과 글로벌 실증 연구를 통해서도 뚜렷이 입증되고 있다.

게이미피케이션은 고객을 단순한 소비자가 아니라 나와 함께 브랜드를 만들어가는 주체로 본다. 그렇게 되면 손님이 고기를 굽거나 반찬을 가져오는 것은 노동이 아니라 함께하는 게임의 일부가 된다.

또 하나, 소비자가 직접 참여하는 '체험 마케팅'의 관점에서 노동 치환의 법칙을 생각해보자. 브랜드 경험은 감각, 감정, 사고, 행동, 관계의 다섯 단계를 함께 고려해 설계할 때 힘을 가진다. 고기 굽기만 봐도 그렇다. 불판 위에 올린 붉은 고기가 마이야르 반응을 일으키며 점점 먹음직스러운 갈색으로 변하는 모습은 눈으로 먼저 맛을 보게 해준다(시각). 불꽃이 일렁이며 고기 표면이 살짝 수축할 때 울리는 '치익' 소리는 귀를 깨우고(청각), 집게를 쥔 손끝에는 고기가 익어가며 단단해지는 촉감이 전해진다(촉각). 뜨거운 열기가 얼굴을 스치고 마이야르 반응이 만들어내는 고소한 향이 코끝을 간질이면(후각) 침샘이 먼저 반응한다. 한 면이 익었다 싶어 고기를 뒤집는 순간 칼집 사이로 육즙이 번지며 향이 퍼지고 입안에 침이 고인다. 결국 한 점을 입에 넣으면 육즙이 터져 나오며 입안 가득 모든 감각을 휘감아버린다(미각). 입안에서 모든 미각을 터트리는 마지막 순간까지, 시각·청각·촉각·후각·미각이 연쇄적으로 깨어난다(감각의 총합).

하지만 감각만으로 경험이 완성되진 않는다. 고기를 태우지 않고 알맞게 굽는 데 성공했을 때의 안도감, 잘 구운 고기 한 점을 건넸을 때 상대가 보이는 미소에서 느끼는 뿌듯함(감정). '이 두께는 몇 초 간격으로 뒤집어야 하지? 불이 너무 센가? 기름은 어느 정도 빼야 바삭할까?' 같은 속삭임이 머릿속에서 끊임없이 오간다. 타이밍과 열, 두께와 육즙의 균형을 스스로 판단하며 작은 실험을 반복한다(사고). 집게로 잡아 올리고, 90도로 돌려 굽고, 숯불이 센 구역과 약한 구역을 오가며 고기의 배치를 바꾸고, 마침내 고기를 잘라 담아내는 일련의 동작은 사용설명서 없이도 곧바로 몸이 익혀가는 '행동의 루프'를 만든다(행동).

그리고 어느새 테이블에는 자연스러운 역할의 교대가 일어나고 자연스러운 대화가 흐른다. 누군가는 말없이 고기를 뒤집고 다른 누군가는 접시에 고기를 옮긴다. 혼자 계속 고기를 굽는 친구에게 "야, 좀 앉아서 먹어라" 하며 젓가락을 건네는 손길이 생기고, 살짝 탄 고기 한 점을 들어 올리며 "이게 제일 맛있어"라는 웃음 어린 대화가 오간다. 술잔을 주고받는 가운데 연기가 얼굴을 스치며 서로의 표정이 잠시 흐려졌다가 다시 선명해진다. 그렇게 고기 굽는 자리에서는 말하지 않아도 역할이 만들어지고, 부탁하지 않아도 배려가 오간다. 불판의 열기와 사람 사이의 온도가 천천히 닮아가며 관계가 깊어진다(관계).

이렇게 보면 고기 굽기는 더 이상 '일'이 아니다. 불꽃의 색과 소리, 손끝의 저항과 향의 변화, 타이밍을 읽고 판단하는 작은 전략, 반복되는 손의 리듬 그리고 고기 한 점을 나누는 친밀함까지, 다섯 단계가 한 장면 안에서 동시에 작동하는 종합 체험이다. 브랜드가 해야 할 일은 이 흐름이 끊기지 않도록 돕는 것이다. 직원이 고기를 직접 다 구워줄 때는 '노동 같던' 행위가 오감을 깨우는 놀이로 치환되면 고객의 머릿속에 오래 기억되는 브랜드 경험으로 바뀐다.

사실 고기 굽기는 '한국식 바비큐(BBQ)' 문화 덕분에 가능한 것이기도 하다. 전 세계적으로 유례없는 모델이다. 다른 나라에서는 주방에서 고기를 다 구워 내오지만 한국에서는 생고기가 먹기 좋게 완벽히 익을 때까지 손님이 직접 굽는다. 불편할 것 같지만 오히려 문화가 됐고 지금은 K-바비큐라는 이름으로 세계 시장을 장악했다.

노동을 경험으로, 브랜드로 활용한 곳은 꽤 많다. 돈가스 브랜드 '사보텐'은 손님이 직접 참깨를 갈아 소스를 만들게 한다. 이것을 두고 왜 고객에게 노동을 시키냐고 불만을 갖는 사람은 없다. 음식이 나오기를 기다리며 참깨를 가는 시간은 불편이 아니라 즐거움이 된다. 직접 만든 소스라는 심리적 소유감이 생기기 때문이다.

이케아 스웨디시 레스토랑도 그렇다. 이케아 스웨디시 레스토랑에서는 고객이 줄을 서서 음식을 받아와야 하지만 그 과정을 불편하게 느끼는 사람은 없다. 합리적인 가격에 스웨덴식 음식 스타일을 경험할 기회로 받아들인다. 손님은 단순히 음식을 소비하는 것이 아니라 음식의 서빙 과정에 참여하는 특별한 경험을 얻게 된다.

경남 밀양의 '인골산장'에서도 고기 굽기는 특별한 경험이 된다. 오리고기 식당인 이곳에서 고객들은 야외에 쭈그리고 앉아 긴 대나무 막대로 고기를 이리저리 뒤집어가며 구워 먹는다. 어찌 보면 불편한 자리에서 불편한 도구로, 불편하게 직접 구워 먹는 것으로 보이지만 손님들은 오히려 까르르 웃으며 서로 구워보겠다고 다투기도 한다.

노동 치환은 요리 과정에만 적용되지 않는다. 분위기와 감성을 파는 공간에서도 이 법칙은 유효하다.

한남동 순천향병원 뒷골목 지하에는 오래된 LP바가 하나 있다. 네이버 정보도 부실하고 인스타그램 마케팅조차 하지 않는 이곳에는 작은 네온 간판 하나가 걸려 있을 뿐이다. 하지만 연예인부터 기업가까지 수많은 팬이 찾아와 수십만 원짜리 위스키를 기꺼이 주문한다. 마케팅의 부재를 메우는 이곳만의 무기는 바로 '신청곡'이라는 노동의 재설계다.

내가 장사 권프로에게 소개하고 음악에 관심이 없던 권프로도 팬이 된 이곳의 매력은 선곡 방식에 있다. 보통의 LP바에서 신청곡을 적는 행위는 단순히 듣고 싶은 노래를 주문하는 기능적인 절차에 불과하지만 이곳은 다르다. DJ는 손님이 적어 낸 신청곡을 기계적으로 틀지 않는다. 손님들의 다양한 신청곡을 재료 삼아 공간의 기승전결을 설계하고 그 사이에 자신의 추천곡을 절묘하게 이어 붙인다. 음악 이야기를 곁들이며 손님의 선곡 안목을 칭찬하기도 한다. 이 과정에서 손님은 단순한 청취자가 아니라 오늘의 분위기를 함께 만드는 '공동 DJ'이자 공간의 주인공이 된 듯한 기분을 느낀다.

펜을 들어 곡명을 적는 번거로운 노동이 공간을 내 취향으로 채우고 인정받는 황홀한 경험으로 전환되는 것이다. 이것은 고객을 단순한 소비자가 아니라 브랜드를 함께 만들어가는 주체로 대우했을 때 고객이 느끼는 몰입감이 얼마나 강력한지를 보여주는 사례다. 손님은 자신이 직접 참여하여 분위기를 완성했기에 그 공간에 더 큰 애착을 느끼고 비싼 술값도 경험에 대한 정당한 대가로 여기게 된다.

이런 모든 순간순간이 하나의 즐거운 경험으로 인식되는 것이다. 사진을 찍어 공유하고 싶은 장면이 되고, 이는 SNS를 통해 다시 확산된다. 노동을 경험으로 바꾸는 순간 매출은 늘고 인건비는 줄어든다.

그렇다면 노동에 해당하는 것을 전부 바꾸면 되는 것일까? 새로 도입한 셀프바를 보고 손님이 '인건비를 절감하려나 보네'라고 느낀다면 실패다. 그러나 '여기선 다양한 반찬을 직접 고르는 재미가 있네'라고 느낀다면 성공이다.

고깃집 사장님 중에 처음에는 고기를 직접 구워주다가 인건비 절감을 위해 전략을 바꾼 분들이 있었다. 한 브랜드는 직원이 초벌만 해주고 나머지는 손님이 굽게 했다. 또 다른 브랜드는 초벌존을 매장 입구에 멋있게 만들고 훈연기를 사용해 훈연향을 손님들에게 그대로 전달했다. 어느 브랜드를 손님들이 더 긍정적으로 기억하고, 재방문하며, 리뷰를 남기고, SNS에 올릴까?

무턱대고 노동을 경험이라며 손님에게 떠넘겨서는 안 된다. 노동 치환의 법칙을 적용하려면 몇 가지 포인트가 있다.

첫째, 평범한 동작을 특별한 '행동 의식'으로 만들어야 한다. 돈가스 소스에 들어갈 참깨를 직접 갈거나 수제비 반죽을 직접 손으로 떼어 넣는 순간이 특별한 장면이 되도록 설계해야 한다는 말이다. 단순히 셀프로 던져두면 불편하다. 놀이 요소를 더해야 한다.

사람들은 자율성·유능성·관계성 욕구가 충족될 때 만족을 느낀다. 직접(자율성) 음식을 만들어(유능성) 나눠 먹는 순간(관계성) 세 가지 욕구가 동시에 채워진다. 직접 만든 것에 더 큰 애착을 느끼는 이케아 효과도 같은 원리다. 손님이 직접 구운 고기나 직접 떼어 넣은 수제비는 단순히 음식이 아니라 내가 만든 특별한 무언가가 된다.

인건비 절감용 셀프 서비스는 실패하기 쉽다. 손님이 즐겁게 참여할 수 있도록 공간과 메뉴를 설계하는 관점 설계가 먼저여야 한다.

둘째, 직원의 역할이 바뀌어야 한다. 직원은 단순한 음식 제공자가 아니라 경험을 촉진하는 가이드가 되어야 한다. 맛있게 먹는 방법을 설명해주고 어떤 조합으로 음식을 즐겨야 하는지 가이드해줘야 한다. 〈서민갑부〉에도 출연했던 감동식당은 메밀전에 매콤한 등갈비찜을 싸 먹는 방법을 적극적으로 설명해서 고객이 다른 등갈비찜과는 차별화된 기억을 갖도록 설계한다.

셋째, 경험이 기록되게 해야 한다. 솥밥정식을 판매하는 울산의 '구첩식당'은 솥밥을 손님 앞에 가져가면 뚜껑을 열기 전에 "동영상 촬영하실 분은 지금부터 하시면 됩니다"라고 말해서 동영상을 안 찍을 고객도 찍게 유도한다. 솥뚜껑을 열고 정성껏 솥밥을 비빈 다음 그릇에 나눠 담아내는 과정을 모두 찍게 하는 것이다.

이 과정에서 고객은 의도치 않게 매장의 영상을 정성껏 찍어주는 참여자가 된다. 손님이 직접 참여하는 순간 사진과 영상이 남아 SNS로 퍼져나간다. 이것이 무형 자산이 되고 브랜드 충성도를 강화한다.

결국 같은 동작도 브랜드가 어떻게 설계하느냐에 따라 노동이 될 수도 있고 경험이 될 수도 있다. 고기를 구워주는 건 친절한 노동이지만 손님이 즐겁게 굽는 건 입체적이고 즐거운 경험이다.

잘 설계된 참여는 단순한 인건비 절감을 넘어선다. 손님은 브랜드와 더 깊이 연결되고 브랜드는 충성 고객을 얻게 된다. 식당은 음식을 먹는 공간을 넘어 고객이 참여하고 몰입하는 무대가 된다. 그 무대 위에서 손님은 단순히 밥을 먹는 것이 아니라 브랜드와 관계를 맺고 기억을 만들어간다. 노동 치환의 법칙을 이해하고 적용하는 순간 식당은 단순한 식당이 아니라 경험의 장이 된다. 그리고 그 경험이 반복될수록 브랜드는 더 오래, 더 깊이 고객의 기억 속에 살아남는다.

'귀찮음'을 '진정성'으로 바꿔라

우리는 매장을 브랜딩할 때 모든 과정을 클라이언트에게 공개한다. 과정을 공유하는 게 대단하지 않게 느껴질 수도 있지만 실제로는 꽤나 귀찮고 힘든 일이다. 아주 사소한 질문에서부터 시작해 클라이언트의 여러 가지 간섭을 받아야 하기 때문이다. 예를 들어, 그릇을 정한다고 해보자. 대부분의 클라이언트는 의도보다는 가격에 초점을 맞춘다. 그러다 보니 자신의 기존 거래처가 더 저렴할 것 같다면서 의문을 제기한다.

그렇다면 왜 우리는 과정을 공유할까? 우리가 제안한 그릇의 의도가 무엇이고, 어떤 매장에서 얼마에 구매했는지 그 과정을 설명하지 않는다면 클라이언트는 이해하지 못하기 때문이다.

최근에 매장 내의 에어컨 공사를 하면서도 비슷한 일을 겪었다. 우리가 제안한 견적과 클라이언트가 알아본 견적에 차이가 있었던 것이다. 충분한 설명이 있었음에도 가격에 민감한 클라이언트는 자신이 알아본 업체에 의뢰를 했고 결국 문제가 발생했다. 후속 AS가 늦어지면서 인테리어 기간도 그만큼 늘어났다. 결과적으로 20~30만 원 아끼려다 200만~300만 원 이상 손해를 보았다. 추후 클라이언트에게 어떠한 문제가 있었고 어떻게 처리했는지 아주 상세히 과정을 공유했다. 클라이언트는 우리에게 더욱더 큰 신뢰감을 보이면서 모든 걸 위임했다. 투명하게 과정을 공유한 덕택이었다.

과정을 공유하면 브랜딩이 된다. 과정을 공유한다는 것은 한마디로 표현하면 '진정성'을 보여주는 것이다. 결과만이 아니라 어떻게 만들어지는지를 보여줌으로써 신뢰를 얻는 것이다. 스토리텔링의 효과도 있다. 과정이 흘러가면서 생성되는 이야기, 그게 바로 스토리다.

물론 앞에서도 얘기했지만 과정 공유는 그리 쉽지 않다. 아주 사소한 문제들이 분명히 발생한다. 굳이 알리지 않아도 되는 것들을 알렸을 때 일어나는 일들은 분명 귀찮다. 다만 '어디에서 신뢰감을 얻을 수 있을까?'를 생각하면 그 귀찮음은 아주 하찮아진다.

과정 공유는 원래 대기업에서 하던 것이다. 현대자동차는 '아이오 닉 5'의 개발 과정을 투명하게 공유하며 브랜드 가치를 높였다. 삼성 전자 역시 '갤럭시 Z 폴드'와 플립 시리즈 개발 과정을 공개하며 혁신 적인 이미지를 강화했다. LG전자는 '올레드 TV' 개발 과정에서 디스 플레이 기술의 진보와 품질 관리 과정을 소비자들에게 공개해서 LG 가 프리미엄 기술에 집중하는 브랜드라는 이미지를 심어주었다. 중요 한 건 이제는 이런 과정 공유의 법칙, 즉 자연스러운 신뢰감을 얻는 브 랜딩이 대기업에서만 하는 아주 거창한 것이 아니라는 점이다.

SNS의 발달은 아주 작은 회사, 작은 브랜드, 작은 가게들도 과정을 공유할 수 있게 해주었다. 무언가 특별한 과정을 공유해야 한다는 생 각은 오해다. 아주 작은 것부터 공유하면 된다. 심지어 아이디어 수준 에서 시작하는 것도 가능하다. 어떤 브랜드를 만들까, 어떤 가게를 만 들까, 어떤 회사를 운영할까라는 생각에서부터 시작하는 것이다.

예를 들면, 동네 카페 사장님이 매일 아침 원두를 로스팅하는 과정 을 인스타그램 스토리로 공유한다. 제과점 주인이 새벽에 빵 만드는 과정을 짧은 영상으로 보여주는 것도 하나의 과정 공유 브랜딩이 될 수 있다. 심지어 창업 준비생이 자신의 사업 구상 과정을 블로그에 기 록하는 것조차 의미 있는 과정 공유가 될 수 있다. 참고로, 경기도 광주 의 '신백옥'이라는 양꼬칫집은 청소하는 과정을 매번 인스타그램에 올렸다. 나는 외부 강연에서 해당 매장을 여러 번 언급했고 우연찮게 이를 본 SBS 〈생활의 달인〉 작가가 섭외 DM을 보내오기도 했다.

시장의 오래된 전집이었던 '불티나 이모네전'은 식당을 한식 오마카세 공간으로 바꾸면서 그 모든 과정을 SNS에 공유했다. 초기에는 '이상한 짓 한다', '시장 분위기와 맞지 않는 인테리어다'라는 반응이 많았다. 하지만 브랜드에 대한 확신이 있었기에 꾸준히 과정을 공유해 나갔다.

과정 공유는 가게를 오픈하고 나서도 계속되었다. 특히나 새롭게 가게를 오픈하고 나서는 내부에서 손님들을 대상으로 과정 공유를 진행했다. 해당 식재료를 어디서 구입했고, 어떻게 음식이 만들어지고, 어떤 이야기가 담겼는지 하나하나 설명했다. 예를 들면 시장 안에 있다는 장점을 이용해 당일 구입한 식재료로 요리해주면서 그 과정을 공유했다. 손님들은 바로 여기에서 진정성을 느꼈다. 단순한 음식 제공을 넘어 손님들에게 '우리도 함께 이 순간을 만들어가고 있다'는 메시지를 전한 것이다.

손님들과의 관계를 더 깊게 만드는 과정과 행동들은 손님들에게 잊지 못할 기억으로 남고 계속 바이럴이 됐다. 결국 불티나 이모네전은 여러 연예인, 인플루언서, 유튜버들이 방문하면서 대림시장에서 대체될 수 없는 브랜드가 되었다.

브랜딩 전문가 마티 뉴마이어는《브랜드 갭》에서 "진정한 브랜드는 고객과의 관계 속에서 형성되며, 이는 지속적인 대화와 경험의 공유를 통해 이뤄진다"고 했다. 과정 공유가 단순한 마케팅 전략이 아닌, 브랜드와 고객 간의 유대관계를 형성하는 핵심 요소라는 의미다.

사이먼 시넥은《스타트 위드 와이》에서 "사람들은 당신이 무엇을 하는지가 아니라 왜 하는지에 끌린다"고 했다. 과정을 공유한다는 것은 '왜'를 보여주는 가장 효과적인 방법이다. 브랜드가 추구하는 가치, 열정 그리고 진정성을 자연스럽게 전달할 수 있기 때문이다.

'올디스 타코'는 2023년 2월 서울 을지로3가역 인근의 약 4.5평(15제곱미터) 공간에서 시작됐다. 그리고 음식 판매를 넘어, 과정 공유를 통해 손님과 긴밀한 유대감을 형성하고 브랜딩에 성공했다.

올디스 타코는 '한국식 타코'라는 새로운 카테고리를 창출하기 위해 메뉴 개발 과정을 적극적으로 공유했다. 이 식당에는 마장동에서 직접 공수한 한우 차돌과 양지로 만든 타코가 있다. 고기의 품질을 유지하기 위해 하루 단위로 신선한 재료를 조달했으며, 살사 소스에는 청양고추를 추가하여 한국인의 입맛에 맞는 매운맛을 개발했다. 올디스 타코는 이러한 메뉴 개발 과정을 매장과 SNS를 통해 공유했다.

매장 전면을 오픈 주방으로 설계한 것도 주목할 만한 과정 공유 전략이었다. 약 4평 규모의 주방에서 이뤄지는 모든 조리 과정이 고객들뿐만 아니라 거리를 지나가는 사람들에게도 실시간으로 공개되었다. 이는 시각적 즐거움을 제공함과 동시에 브랜드의 투명성을 강조했다. 오픈 주방은 매출 증가에도 기여했다. 초기 월 매출 목표는 약 2,000만 원이었으나 오픈 이후 첫 달에만 약 3,000만 원의 매출을 기록했다. 이제 하루 평균 약 600~800개의 타코를 판매하며, 초기 목표였던 300개를 두 배 이상 초과 달성하는 기염을 토했다.

올디스 타코는 인스타그램을 통해 메뉴 개발, 매장 준비 과정 그리고 팀원들의 일상을 꾸준히 공개했다. 예를 들어, 신메뉴를 테스트하는 과정에서 실패담이나 개선된 레시피를 공개하여 고객들에게 진정성을 전달한 것이다. 이러한 콘텐츠는 브랜드 팔로워 수를 단기간에 1만 명으로 증가시켰다. 사실 말도 안 되는 수치다. 일반적인 메뉴 사진만 업로드하는 외식 브랜드 계정에서는 있을 수 없는 일이기 때문이다.

매장의 인테리어는 1990년대 미국의 타코 가게를 연상시키는 빈티지한 콘셉트로 잡았다. 적은 예산으로 완성된 빨간 네온사인과 회색 금속 파사드는 을지로의 분위기와 자연스럽게 어우러졌다. 이러한 인테리어 설계 과정도 SNS를 통해 공유하며, 매장 오픈 전부터 방문 욕구를 자극했다.

소비자 피드백도 적극적으로 반영했다. 올디스 타코는 SNS를 통해 수집된 의견을 바탕으로 메뉴를 개선하거나 신메뉴를 추가했다.

예를 들어, 초기 메뉴였던 '고추장 타코'는 고객들의 피드백을 반영해 3단계 매운맛 옵션을 추가했고, 이는 주문량 45퍼센트 증가라는 놀라운 결과로 이어졌다.

올디스 타코는 과정의 브랜딩화에 성공했다. '제품이나 서비스 자체보다 그것이 만들어지는 과정을 브랜드의 자산으로 만든 것'이다. 올디스 타코는 '과정'을 브랜드의 핵심 가치로 승화시키며, 작은 타코 가게를 넘어 하나의 문화 현상으로 자리매김했다. 과정을 아는 사람들은 줄을 오래 서더라도 올디스 타코를 먹음으로써 큰 만족감을 느낀다.

이런 사례는 외식 브랜드에만 있는 게 아니다. 제품 역시 과정 공유를 통해 자연스럽게 브랜딩될 수 있다.

'슈퍼말차'는 과정 공유를 통해 성공적으로 브랜딩한 프리미엄 말차 브랜드다. 제품이 만들어지는 과정을 투명하게 공개하여 소비자와 강한 유대감을 형성했고, 이는 브랜드의 신뢰도를 높이고 충성 고객층을 확보하는 데 크게 기여했다.

슈퍼말차는 보성의 유기농 세레모니얼 말차만을 사용한다. 엄격한 품질 검사를 통해 99.9퍼센트의 순도를 달성하는 등 품질 관리에 심혈을 기울인다. 슈퍼말차의 항산화 효과는 일반 녹차의 137배에 달하며, 1회 섭취량(2그램)당 카테킨 함량은 녹차 여덟 잔과 맞먹는 240밀리

그램이라는 연구 결과를 공개하기도 했다.

슈퍼말차는 제조 과정의 투명성도 강조했다. 말차 음료와 디저트를 만드는 과정을 유튜브에 꾸준히 공개함은 물론 관련된 다양한 미디어 콘텐츠를 업로드했다. 2022년에는 친환경 포장재를 도입하여 플라스틱 사용량을 30퍼센트 감축하는 등 환경 보호에도 앞장섰다.

소비자 의견도 적극 반영했다. 인스타그램을 통한 신메뉴 개발 참여 이벤트에는 평균 5,000명 이상의 소비자가 참여했으며, 2022년 팝업 스토어 '슈퍼말차25'는 28일 동안 6만 명의 방문객을 기록했다.

이러한 전략은 뚜렷한 성과로 이어졌다. 2022년 연간 매출 성장률은 160퍼센트를 달성했고, 같은 해 9월에는 4개년 기준 월별 최고 매출을 기록했다. 제품 라인업도 14개에서 25개로 확대되었고, 슈퍼말차 제품이 GS25와의 협업 상품 중 만족도 1위를 차지하기도 했다. 2024년에는 말레이시아, 미국, 유럽 등 해외시장 진출을 추진했다.

이러한 지속적인 과정 공유 전략으로 슈퍼말차는 단순한 제품 판매를 넘어 소비자와 함께 성장하는 브랜드로 자리매김하며 프리미엄 말차 시장에서 주목받게 되었다. 여기서 중요한 점은 슈퍼말차가 처음부터 잘나간 건 아니라는 사실이다.

설탕 대신 천연 감미료인 스테비아와 에리스리톨을 사용하는 슈퍼말차는 초창기에 소비자들의 인식 부족과 거부감으로 어려움을 겪었다. 특히 스테비아 특유의 뒷맛에 대한 호불호와 기존 설탕 기반 음료와의 맛 차이로 인해 고객의 만족도를 충족시키지 못했다.

이를 극복하기 위해 슈퍼말차는 다양한 전략을 펼쳤다. 먼저 소비자 피드백을 적극 반영하여 스테비아의 뒷맛을 최소화하고, 감미료의 배합 비율을 조정하여 맛의 균형을 개선했다. 또한 천연 감미료의 건강상 이점을 강조하는 콘텐츠를 제작하고, 시음 행사와 프로모션을 통해 제품을 직접 경험할 기회를 확대했다. 더불어 다양한 맛과 형태의 제품을 개발해 소비자 선택의 폭을 넓히고 경쟁력을 강화했다.

이 과정에서 슈퍼말차는 제품 개발과 개선 과정을 투명하게 공유하며 브랜드의 진정성을 전달했다. 과정 공유는 단순히 소비자의 신뢰를 얻는 것을 넘어, 브랜드와 소비자 간의 감정적 연결을 강화했다. 소비자들은 슈퍼말차의 노력을 직접 보고 느끼며 브랜드의 성장 과정을 함께하는 팬덤으로 발전했다. 결과적으로 슈퍼말차는 건강한 단맛을 원하는 소비자들로부터 충성도 높은 지지를 얻으며 시장에서의 입지를 다질 수 있었다.

누군가는 슈퍼말차를 처음부터 승승장구한 브랜드로 기억할 것이다. 그러나 슈퍼말차는 분명히 어려움을 겪었고 그걸 이겨내는 과정을 밟아나갔다. 그리고 그 과정을 공유함으로써 강력한 시너지를 냈다. 작은 브랜드일수록 과정 공유는 필수다. 갑자기 뿅 하고 나타난 브랜드를 고객이 좋아할 리는 없다. 하루에도 몇천 개의 브랜드가 생겨나기 때문이다. 과정 공유가 마케팅의 일환이고 이런 마케팅 속에서 브랜딩이 자연스럽게 이루어진다는 사실을 반드시 알아야 한다.

재미있는 이야기지만 사람도 과정을 공유하면 브랜드가 된다. '장사 권프로', 나의 사례가 그렇다. 장사 권프로라는 닉네임은 나 스스로 만든 것이다. 이 채널에 내가 어떻게 장사를 했고, 어떻게 콘텐츠를 만들며 사업을 하는지 그 과정을 아주 천천히 공유했다. 그러자 콘텐츠가 쌓이면서 나라는 브랜드가 만들어졌고, 다양한 사업까지 하게 되는 일종의 '퍼스널 브랜딩'이 구축되었다.

보통 퍼스널 브랜딩을 하라고 하면 '이미 최고의 성과를 낸 사람만이 가능하다'고 생각한다. 책을 내거나 사업적인 성과가 있거나 돈을 많이 번 사람들 말이다. 하지만 절대 그렇지 않다. 퍼스널 브랜딩은 하기 나름이다. 나 역시 최고의 성과를 내거나 돈을 많이 벌거나 책을 내서 크리에이터가 된 것이 아니다. 그저 좋은 정보를 생산한 것뿐이다. 그걸 좋아해주는 사람들이 생겨나면서 나중에야 성과가 생겼다.

많은 크리에이터가 과정을 공유하면서 세상에 단 하나밖에 없는 브랜드가 됐다. 처음부터 짠 하고 나타난 크리에이터는 없다. 나 역시 동네에서 작은 매장을 운영하던 스토리를 시작으로 힘들었던 과정, 잘

되는 과정, 회사를 만드는 과정 등 사업을 하면서 겪은 모든 일을 유튜브에 공유했다. 인스타그램, 블로그, 스레드 그리고 책으로까지 나의 이야기를 전하면서 사람들에게 내 존재를 알렸고 그렇게 나는 브랜드가 되었다.

지금은 많은 사랑을 받는 BTS 역시 처음부터 글로벌 슈퍼스타는 아니었다. 작은 소속사에서 출발한 그들은 처음엔 주목받지 못했지만 자신들의 성장 과정을 팬들과 꾸준히 공유하면서 특별한 유대감을 형성했다. 데뷔 준비 과정, 연습실에서의 땀과 노력, 무대 뒤의 솔직한 모습까지 그들은 다양한 콘텐츠를 통해 자신들의 모습을 있는 그대로 보여주었다. 특히 어려운 시절을 숨기지 않고, 좌절과 고민까지 팬들과 나누며, '우리도 너희처럼 성장하고 있다'는 메시지를 전했다.

그 결과 팬들은 그들의 진솔함에 공감했고, '우리가 BTS를 키웠다'라는 주인의식과 자부심까지 갖게 되었다. BTS가 팬덤 '아미(ARMY)'와 함께 성장했다고 말하는 이유가 바로 여기에 있다. 단순히 화려한 모습만 보여주는 것이 아니라 실패와 성장 그리고 노력까지 공유한 덕분에 성공할 수 있었다.

성공은 결과뿐만 아니라 과정을 공유하며 만들어지는 것이다. 진정성 있는 소통이 사람들의 마음을 움직이고 그들과 함께 성장해나가는 관계를 만들 수 있다.

꾸준한 기록은 신뢰가 된다

사실 기록 자체에 큰 의미가 있는 것은 아니다. 기록은 누구나 할 수 있고, 그것만으로는 브랜드가 되지 않는다. 하지만 기록을 꾸준히 하면 브랜드가 될 가능성이 높아진다. 방향만 잘 설정한다면 말이다. 한두 번이 아니라 꾸준히 기록이 누적되면 브랜드는 확실한 존재감을 뿜어낸다.

요즘은 기록을 할 수 있는 오픈된 공간이 너무나 많다. 유튜브에서는 나의 생각을 영상으로 기록할 수 있고, 인스타그램에서는 취향과 스타일을 관리할 수 있다. 브런치, 블로그, 링크드인에서는 나의 전문

성과 철학에 대해서 기록을 남길 수 있다. 문제는 '기록할지 말지'가 아니라 '어디에, 어떻게 그리고 누가 보게끔 기록할 것이냐'다. 결국 브랜드는 누적된 일관성과 꾸준한 메시지가 만드는 결과물이기 때문이다. '저 사람은 늘 이런 생각을 하고, 이런 방식으로 말하고, 이런 태도를 유지하네.' 이게 바로 브랜드다.

여기서 말하는 브랜드는 단지 퍼스널 브랜드만이 아니다. 제품, 서비스, 매장이 모두 포함된다. 최근 많은 브랜드가 스레드라는 텍스트 기반의 SNS에 글을 올리고 있다. 브랜드 이름으로 매일같이 글을 올리면서 기록을 하고 있다. 이 기록들이 스레드를 운영하는 많은 예비 고객의 눈길을 사로잡는다.

'래피드'는 1인 기업가들에게 손쉬운 결제 서비스를 제공하는 회사다. 나도 몇 번 이용한 적이 있다. 래피드는 스레드에 자사의 내부 정보를 공개한다. 래피드 공식 홈페이지나 간간이 보내오는 메일에서는 전혀 알 수 없는 내용들이다.

예를 들면 래피드를 통해 어떻게 1인 기업가들이 매출을 올리는지, 어떤 형태로 상품을 기획하고 만들어야 소비자들이 결제를 하는지, 가장 성공적이었던 퍼널의 구조는 무엇인지 알려주면서 기록으로 예비 고객들의 관심을 사로잡는다. 한두 번이 아니라 거의 매일같이 글을 올린다. 아마 담당 직원이 있는 듯한데 분명히 회사에서 칭찬을 받을 것이다. 센스 있게 꾸준히 기록을 잘하고 있으니까. 그 덕분에 고객들이 래피드의 서비스를 체험하고 이용할 테니까.

자영업자들이 자주 이용하는 미리내의 '비즈하우스' 역시 스레드에 기록을 누적하고 있다. 단순히 정보를 적는 게 아니라 한 인간으로서 브랜드를 표현한다. 민생회복 소비쿠폰 관련 포스터가 좋은 예다. 다른 브랜드는 '관련 포스터를 만들어서 무료로 보내줄 테니 무언가를 하라'는 형식이라면 비즈하우스는 자영업자들의 의견을 물어보는 기록을 남겨서 많은 자영업자에게 글이 도달하게 했다. 아래와 같이 말이다.

"요런 포스터 만들어서 무료로 보내드릴까 하거든! (중략) 이런 이벤트 하면 참여하고 싶은 스치니들 있어? 매장에 걸어주면 도움될 거 같은지 솔직히 알려주라!"

해당 글은 총 3만 회의 조회수를 기록하고 478개의 좋아요를 받았으며 406개의 댓글이 달렸다. 어떤 기록을 꾸준히 남기느냐가 타인의 기억에 남을지 말지를 결정하는 것이다. 만약 홍보 형태의 글로서만 기록을 했다면 어땠을까? 안 봐도 뻔하겠지만 그냥 묻히는 글이 될 수밖에 없다. 홍보 글은 아무도 보고 싶어 하지 않으니까.

이처럼 기록은 예비 고객들에게 우리 브랜드를 도달하게 해준다. 그리고 그게 나열 방식이 아니라 스토리 형태로 이어진다면 더욱더 강력해진다. 시간은 조금 걸리겠지만 이게 쌓이면서 브랜드의 목소리가 생긴다.

스레드에서 '갈비걸'이라는 닉네임으로 활동 중인 사장님이 있다. 제주도에서 아버지의 식당을 도우며 자란 사장님은 서울로 올라와서 1억으로 갈빗집을 차리는 전 과정을 매일같이 글로 기록하고 있다. 단순히 일기를 쓰는 게 아니라 준비 과정 전체를 투명하게 공개하는 형태다.

매장 이름부터 유니폼, 로고, 인테리어, 상권, 납품 업체까지 하나하나 공유하면서 과정을 스토리로 만들어냈다. 그 기록들이 쌓이는 동안 사람들은 점점 이 사장님의 이야기에 빠져들기 시작했다. 어떤 글은 좋아요를 1만 개 이상 받았고 댓글로 수백 명이 조언과 응원을 남겼다. 심지어 유명 고깃집 사장들이 먼저 연락해 도움을 주고, 납품 업체가 거래를 제안하고, 부동산 중개인과 주류 회사까지 손을 내밀었다.

결국 '기록의 힘'이 오픈 전부터 브랜드를 만들어준 셈이다. 사람들은 메뉴보다 스토리에 반응했고 식당은 오픈 전부터 팬을 얻었다. 이게 바로 브랜드가 '기록 누적'에서 태어나는 이유다.

비슷한 방식으로 브랜드를 만들어가고 있는 또 다른 사례가 있다. 송파에 '연정민 소금구이'라는 고깃집을 오픈한 이정민 사장이다. 서울 노원구의 유명 등갈비찜 맛집 '감동식당' 등 다양한 외식업장에서 일한 경험이 있는 그는 인스타그램을 통해 창업의 전 과정을 기록했다.

그저 결과를 보여주는 게 아니라 '과정 안의 생생한 순간들'을 공유한다. 지나가는 중학생에게 "이 동네 사람들은 어디 고깃집 자주 가요?"라고 묻거나 시장에서 만난 아주머니에게 "소금구이 좋아하세요?"라고 묻는 모습까지 릴스로 담는다. 그렇게 만들어진 콘텐츠는 단순한 홍보가 아니라 '사람 냄새 나는 창업 스토리'가 된다.

이 과정을 지켜보던 인테리어 업체에서 먼저 연락해 미팅을 제안했고, 덕분에 공사 전에는 몰랐던 실무 팁과 시공 노하우를 미리 알 수 있었다고 한다.

이정민 사장의 콘텐츠를 보면서 사람들은 이미 '이 사람의 가게는 잘될 것 같다'는 공감대를 형성하고 '함께 가게를 만들어가는 느낌'을 받는다.

결국 기록은 누적될수록 단순한 '기록'이 아니라 '신뢰'가 된다. 갈비걸의 스레드와 이정민 사장의 릴스가 보여주듯이 결국 시간을 거스르지 않는 사람이 브랜드를 만들 수 있다. 꾸준히 기록을 남기는 사람, 과정의 디테일을 보여주는 사람 그리고 그 안에서 자신만의 언어를 쌓아가는 사람이 결국 브랜드가 된다.

이쯤 되면 앞서 이야기했던 '과정 공유'와 비슷하다는 느낌을 받을 것이다. 아니, 똑같다고 생각할 수도 있다. 물론 비슷한 부분이 있다. 둘 다 '브랜딩은 보여주는 데서 시작된다'는 공통된 철학을 가지고 있으니까. 다만 미묘한 차이가 있다. 그리 대단히 중요한 구분은 아닐 수 있지만 조금 더 깊이 알고자 하는 사람이라면 이 차이를 이해하는 게 도움이 된다.

과정 공유는 '브랜드의 현재'를 드러내는 일이다. 지금 이 순간 브랜드가 무엇을 하고 있는지, 어떤 생각으로 움직이고 있는지를 보여주는 것이다. 그래서 과정 공유의 중심에는 진정성과 투명성이 있다. 반면 기록 누적은 '브랜드의 시간을 쌓는 일'이다. 매일의 과정을 한 방향으로 축적하며 브랜드의 일관성과 세계관을 만들어내는 것이다. 여기엔 지속성과 일관성이 핵심이다.

이 차이를 조금 더 명확히 이해하려면 앞서 등장했던 사례들을 다시 떠올려보면 된다. '불티나 이모네전'이나 '올디스 타코', '슈퍼말차' 등과 같은 브랜드는 '과정을 드러내며 신뢰를 얻은 경우'다. 아직 완성되지 않은 상태에서 자신들의 시행착오와 시도를 공개했다. 어떻게 메뉴를 만들고, 어떤 철학으로 공간을 구성하며, 무엇을 실험하고 있는지를 보여줬다. 그 진솔한 공유의 순간들이 브랜드의 진정성을 증명했다.

반면 갈비걸과 연정민 소금구이의 이야기는 조금 다르다. 이들은 처음의 한두 번 공유로 끝나지 않았다. 매일의 이야기, 준비의 기록, 고객과의 대화가 꾸준히 이어졌고, 그 누적이 브랜드의 서사를 만들어냈다. 사람들은 단순히 한 장면을 본 것이 아니라 '시간 속에서 성장하는 브랜드'를 지켜봤다. 그래서 이들은 기록 누적의 법칙, 즉 '시간이 만든 브랜드의 신뢰'를 증명한 사례라 할 수 있다.

요약하자면, 불티나 이모네전과 올디스 타코, 슈퍼말차는 특정 사건을 중심으로 한 진정성을 보여줌으로써 신뢰를 얻은 브랜드이고, 갈비걸과 연정민 소금구이는 꾸준한 기록에 대한 신뢰를 통해 존재감을 확립한 브랜드다. 물론 두 방향은 다르지만 서로 맞물려 있다. 과정 공유가 '브랜드의 현재'를 증명한다면 기록 누적은 '그 현재를 시간 속에서 브랜드로 바꿔놓는다'.

결국 브랜드는 단순히 '보여주는 것'만으로는 완성되지 않는다. 보여주는 순간마다 사건이나 갈등이 발생하고, 그걸 해결해나가는 과정이 있어야 한다. 사람들은 그 과정을 지켜보며 신뢰를 느낀다. 불티나 이모네전이 시장의 분위기와 어울리지 않는 인테리어를 시도했을 때 많은 사람이 "이상하다", "안 될 거다"라고 말했다. 하지만 그 도전이 현실이 되어가는 과정을 매일 보여주자 오히려 사람들은 응원하기 시작했다. 올디스 타코 역시 처음엔 "을지로에서 저런 타코를?"이라는 반응을 들었지만, 그 시행착오를 숨기지 않고 솔직하게 공유하면서 점점 팬이 생겼다. 이게 바로 브랜드가 만들어내는 내러티브형 신뢰다.

브랜드의 성장에는 언제나 갈등이 필요하다. 갈등이 없는 브랜드는 공감도 없다. 우리가 어떤 브랜드를 응원하고 싶어지는 이유는 그들이 완벽해서가 아니라 부족하고 흔들리는 과정을 견디며 나아가기 때문이다. 그때 생겨나는 감정이 '언더독 효과'다. 사람들은 그 브랜드가 잘되길 진심으로 바라고, 시간이 지나 실제로 브랜드가 성장했을 때 마치 자신이 함께 키운 듯한 애착을 느낀다. 그 애착은 단순한 소비를 넘어 관계가 되고, 그 관계가 곧 브랜드 자산이 된다.

4부

브랜드 실행 전술
Brand Tactics

현장에서 바로 적용할 수 있는
구체적 방법론

선택의 역설

당신의 메뉴판엔 '시그니처'가 있는가

'여유롭고 자유로운 사람일수록 많은 선택지를 가질 수 있다.'

사람들은 다양한 길 중 원하는 길을 고를 수 있을 때 자유롭고 행복한 삶을 살 확률이 높다고 생각한다. 식당을 예로 들면 다양한 메뉴가 주어졌을 때 손님들은 더 행복해한다는 말이다. 신메뉴를 하나라도 더 만들어 손님이 고를 수 있는 폭을 넓혀야 한다는 것이다.

그러나 현실은 정반대인 경우가 많다. 메뉴가 많아질수록 고객의 얼굴은 오히려 굳어지고 표정이 어두워진다. 메뉴판을 펼친 손님은 곧장 이런 의문에 부딪힌다. "이 집은 뭘 잘하는 곳이지?"

고민은 길어지고 주문은 늦어진다. 그리고 힘겹게 메뉴를 고른 후에도 만족은 크지 않다. 다른 메뉴가 더 나았을지도 모른다는 후회가 마음을 짓누른다.

심리학자 배리 슈워츠는 《선택의 심리학》에서 이렇게 말했다. "선택지가 많아질수록 행복이 아니라 불행이 커진다." 이 말은 단순한 철학적 표현이 아니다. 외식업 현장에서 매일 반복되는 풍경이다. 사장은 불안해서 메뉴를 늘리고, 메뉴가 늘어날수록 고객은 더 힘들어진다. 결국 브랜드의 정체성은 흐려지고, 식당은 자신이 뭘 잘하는지조차 설명하지 못하는 공간으로 전락한다.

선택이 많을수록 자유로울까, 아니면 괴로울까? 겉으로는 선택이 많아 보이는 상황이 자유처럼 느껴진다. 하지만 소비자는 실제 현장에서 정반대의 감정을 경험한다.

대표적인 예가 대형 패밀리 레스토랑이다. 메뉴판은 두툼한 책자와 같고 사진과 글자가 빼곡하다. 손님은 오랜 시간 메뉴를 넘겨보지만 막상 선택을 끝낸 순간에는 이미 지쳐 있다. 그리고 주문 후에도 불안은 계속된다. '혹시 다른 메뉴가 더 맛있지 않았을까?' 자유는 늘어났지만 행복은 줄어든다.

반대로 메뉴가 단출한 집에 들어가면 상황은 훨씬 간단하다. '이 집은 제육 하나는 확실히 잘한다.' 손님은 단순함 속에서 신뢰를 느낀다. 고민은 줄어들고 만족감은 높아진다. 선택지가 적다고 해서 자유가 줄 어든 게 아니다. 오히려 만족이라는 본질적 자유가 커진다.

이처럼 선택지가 많아질수록 사람들의 머릿속에는 새로운 종류의 불안이 자리 잡는다. 더 나은 선택을 놓쳤을지 모른다는 후회, 최적의 선택을 하지 못했다는 자기 비난. 이 감정은 '심리적 비용'으로 작용하 며, 결국 소비 경험의 질을 떨어뜨린다.

심리학에서는 이를 '선택 과부하(choice overload)'라고 부른다. 선 택지가 지나치게 많을 때 오히려 선택을 회피하거나 선택 후 만족도 가 낮아지는 현상이다. 이 개념을 세상에 널리 알린 것은 바로 '슈퍼마 켓 잼 실험'이다.

연구자 쉬나 아이엔가(Sheena Iyengar)와 마크 레퍼(Mark Lepper) 는 슈퍼마켓에서 흥미로운 실험을 했다. 한 번은 24가지 잼을 전시했 고, 다른 한 번은 단 여섯 가지 잼만 전시했다. 24가지 잼을 본 고객은 흥미를 느끼고 많이 시식했지만, 실제 구매율은 고작 3퍼센트에 불과 했다. 반면 여섯 가지 잼만 전시했을 때 구매율은 무려 30퍼센트에 달 했다. 10배 차이다.

이 결과는 '선택지는 많을수록 좋다'는 우리의 상식을 정면으로 뒤 집었다. 선택지가 많을수록 구경하는 사람은 많아지지만 실제 구매는 줄어든다. 손님이 고민하다가 결국 아무것도 고르지 못하거나 고른 후에도 만족하지 못하는 상황이 벌어진다.

이 원리는 외식업뿐 아니라 모든 소비 현장에서 그대로 적용된다. 온라인 쇼핑몰을 생각해보자. 아마존은 수천만 개의 상품을 판매한다. 하지만 고객이 스스로 탐색만 하도록 내버려두지는 않는다. '오늘의 추천', '베스트셀러', '이 상품을 본 사람들이 함께 본 상품' 같은 큐레이션 장치를 통해 고객이 쉽게 결정하도록 돕는다. 사실상 선택의 가이드 레일을 깔아둔 셈이다.

호텔 예약 플랫폼도 마찬가지다. 수십 개의 객실 옵션이 있지만 '가장 많이 예약된 방', '오늘 마지막 객실' 등과 같은 메시지가 곁들여진다. 고객은 비교와 탐색을 포기하고, 안내된 길을 따른다. 전자기기 구매 과정에서도 복잡한 사양표 대신 '많은 고객이 선택한 옵션'을 강조한다. 사람들은 그 말만으로도 안심하고 결정을 내린다.

결국 연구와 실증적 분석은 같은 사실을 가리킨다. 선택의 범위를 제한하고, 명확한 추천과 비교 기능을 제공하며, 한정된 시간이나 수량 같은 장치를 가미할 때 고객은 더 쉽게 결정하고 브랜드는 더 많은 매출을 올린다.

브랜드는 오래전부터 이 원리를 직감적으로 활용해왔다. 우리가 무의식중에 그 설계에 따라 선택하도록 말이다. 대표적인 예는 대형 서점의 '베스트셀러' 매대다. 수만 권의 책 중에서 어떤 책을 사야 할지 막막한 소비자는 '많이 팔린 책'이라는 이유만으로도 안심한다. 판매 데이터 기반 큐레이션이 소비자의 피로를 줄이고 구매 전환율을 높여 준다.

외식업에서도 메뉴판은 단순한 종이가 아니다. 메뉴 옆에 붙은 'BEST', '추천', '시그니처' 라벨은 고객을 위한 안내처럼 보이지만 사실은 브랜드의 전략적 유도 장치다. 고객은 '이 집의 대표 메뉴구나'라는 심리적 신호를 받고 무의식적으로 해당 메뉴를 고르게 된다.

편의점이나 올리브영 같은 매장도 마찬가지다. 'MD's PICK', '실시간 인기', 'TOP 10' 같은 코너는 단순히 흥미를 끌기 위한 것이 아니다. 소비자의 결정 과정을 단축하고 충동구매를 유도하는 장치다.

카페에서는 '이 집은 라떼가 맛있다', 고깃집에서는 '이 집은 삼겹살이 대표다'라는 말이 브랜드의 힘이 된다. 시그니처 메뉴는 단순히 잘 팔리는 상품을 넘어, 브랜드 정체성 자체를 규정한다.

여기에 행동경제학적 '넛지(nudge)' 전략도 활용된다. 예를 들어 예약 앱에서 인기 메뉴가 기본 옵션으로 설정돼 있다면 고객은 별생각 없이 그대로 따른다. 고민할 필요가 없기 때문이다. 고객은 합리적인 선택을 했다고 믿지만 사실은 브랜드가 깔아둔 값에 따른 것이다.

이 지점에서 중요한 사실이 하나 있다. 이런 모든 장치는 단순히 고객을 편하게 해주는 서비스가 아니라 브랜드가 원하는 방향으로 고객을 유도하는 기술이라는 점이다. 무슨 이야기냐면 외식업이라 했을 때 마진율이 높은 메뉴, 조리와 준비가 수월한 메뉴, 브랜드 콘셉트와 잘 맞는 메뉴를 선택지에 올려야 한다는 것이다. 고객은 자신이 자유롭게 선택했다고 믿지만 사실은 브랜드가 유도한 길 위에서 움직인 것이다.

대표 메뉴가 베스트셀러가 되어야 그 브랜드가 강력한 힘을 갖게 된다. 이 단순한 말 뒤에는 냉정한 수익 구조가 숨어 있다. 메뉴판의 구성, 사진의 위치, 직원의 멘트, 세트의 조합, 모두 브랜드의 전략적 유도다. 고객은 즐겁게 경험하지만 사실 그 경험은 치밀하게 설계된 구조 속에서 이루어진다.

그렇다면 이를 어떻게 내 가게에 적용할 수 있을까?

첫째, 선택지의 축소와 집중이다. 메뉴를 줄일 때는 단순히 수를 줄이는 것이 목적이 아니다. 고객에게 '이 집은 무엇을 잘한다'는 명확한 메시지를 심어줘야 한다. 메뉴가 줄어든 만큼 브랜드의 정체성은 또렷해져야 한다.

둘째, 추천 구조 설계다. 메뉴판, 매장 POP, SNS 채널까지 일관되게 '베스트'와 '시그니처'를 강조해야 한다. 고객이 고민 없이 브랜드가 원하는 메뉴를 고르게 해야 한다.

셋째, 세트와 패키지 전략이다. 단품보다 세트를 추천하면 객단가가 올라간다. 고객에게는 합리적인 조합을 제시하고 브랜드는 마진율과 효율성을 높인다.

넷째, 넛지와 기본값 활용이다. 예약·주문 과정에서 가장 판매하고 싶은 옵션을 기본값으로 설정한다. 고객이 쉽고 편안하게 따를 수 있도록 말이다.

다섯째, 검증과 점검이다. 중요한 것은 단순히 줄이는 게 아니라 남긴 선택지가 정말 고객에게 유효한지 확인하는 일이다. 대표 메뉴가 실제로 고객에게 만족을 주고 재방문을 이끌어내야만 한다. 겉만 번지르르한 간판 메뉴는 오히려 독이 된다.

브랜딩을 하면서 무심코 덕지덕지 붙여온 요소들이 있지 않은가? 신메뉴, 이벤트, 화려한 장식. 의도는 좋았을지 몰라도 실제로는 고객에게 고민만 늘리고 효용은 떨어뜨리는 장치일 수 있다. 이제는 스스로 물어야 한다. "나는 고객의 선택을 단순화하고 있는가, 아니면 혼란스럽게 만들고 있는가?"

선택은 자유다. 그러나 자유가 곧 만족은 아니다. 오히려 잘못 설계된 자유는 고객을 지치게 하고 브랜드를 흐리게 만든다. 반대로, 잘 설계된 선택 구조는 고객의 불안을 줄이고, 브랜드의 매출을 높이며, 충성도를 강화한다. 선택을 설계할 수 있는 브랜드가 고객을 지배한다.

풍경을 빌려오는 방법

차애경(借愛景). 외식업 공간 브랜딩의 핵심을 꿰뚫는 전략이다. 원래 있는 말은 아니다. 브랜딩 사업을 하며 내가 만든 말이다. 한자 그대로 '사랑스러운 풍경을 빌려온다'는 뜻이다.

오프라인 공간을 이야기할 때 우리가 가장 먼저 떠올리는 것은 내부 인테리어다. 비싼 자재, 화려한 조명, 고급 가구에 예산을 쏟아부어 차별화를 꾀한다. 하지만 매일 무심히 지나치는, 이미 창밖에 펼쳐진 '공짜 자산'의 가치는 놓친다.

공간 내부만큼이나 중요한 것이 공간 밖으로 펼쳐지는 장면이다.

건물의 위치, 창문 너머의 풍경, 골목의 소리와 냄새, 건물 사이로 스며 드는 빛, 주변의 생활 리듬까지 모두가 고객 경험의 무대가 된다. 이 무 대를 어떻게 포착하고 활용하느냐에 따라 같은 메뉴, 같은 가격, 같은 서비스라도 전혀 다른 브랜드로 기억된다.

'차애경의 법칙'은 억지로 없는 것을 만들기 위해 비용을 쓰기보다 이미 존재하는 환경적 아름다움을 발견하고 이를 빌려다가 우리 브랜 드의 언어로 번역한 다음 고객에게 전달하는 전략이다. 돈이 아니라 감정으로 자산을 만드는 방식이기도 하다.

외식업 경쟁이 치열해질수록 내부 인테리어는 경쟁자가 쉽게 복 제할 수 있지만 창밖의 풍경은 다르다. 풍경은 누구에게나 열려 있으 나 보는 법을 아는 사람만이 가져갈 수 있고, 무엇보다 복제될 수 없다.

충북 단양의 '카페산'은 산 정상에 앉아 주변의 모든 것을 하나의 컷으로 담아냈다. 사람들은 커피보다 산맥의 능선, 패러글라이딩 궤 적, 시간대마다 달라지는 하늘의 질감을 '마시러' 간다. 여기서의 상품 은 음료가 아니라 풍경이며, 대기 줄과 SNS 사진 공유가 광고비를 대 신한다.

태국 음식을 파는 '리틀방콕' 공덕경의선숲길점은 창밖의 풍경을 인테리어의 일부로 끌어들인 대표적인 사례다. 이곳은 건물 2층이라는 입지적 한계를 안고 시작했지만, 그 단점을 설계 단계부터 반전의 기회로 삼았다. 통창과 천창의 각도를 세밀하게 조정해 숲의 초록빛이 실내 깊숙이 들어오도록 했고, 햇살이 드는 방향에 따라 좌석의 질감과 조도의 균형을 맞췄다. 덕분에 손님은 식사를 하면서도 숲속을 걷는 듯한 경험을 하게 된다. 봄엔 벚꽃이 흩날리고 여름엔 짙은 녹음이, 가을엔 붉은 단풍이, 겨울엔 펑펑 내리는 눈이 식탁 위로 스며든다. 단순히 창이 큰 가게가 아니라 바깥의 풍경을 실내 공간으로 빌려와 매력적으로 번역해낸 훌륭한 공간이다.

혜화의 '독일주택'은 창밖을 빌리는 대신 중정 구조로 풍경을 실내에 들였다. 눈이 오면 마당에 고요가 내려앉고, 비가 오면 벽을 타고 흐르는 물결을 멍하니 바라보게 된다. 공간에 맞는 프레임을 만들면 실내의 순간들도 풍경이 된다.

종로의 '옥상별관'은 회색 도시의 풍경을 활용한 좋은 예다. 옥상별관은 건물 옥상에서 삼겹살을 구워 먹을 수 있는 곳이다. 빌딩 숲 지붕위에서 굽는 삼겹살은 일상의 풍경을 낯설게 만든다. 도시의 불빛, 리듬, 소음을 빌려 손님에게 묘한 해방감과 특별한 자유를 선사한다.

부산 기장의 '등나무집'은 그야말로 자연을 제대로 활용한 곳이다. 부산역에서 차로 약 50분, 도심을 벗어나 해안을 따라 달리다 보면 기장 연화리를 지나 절벽 끝에 자리한 이 식당이 나타난다. 절벽 위에서

광활한 바다, 바람, 파도 소리, 수평선의 불빛까지 한 그릇 국수의 배경으로 삼는다. 이곳에 가보면 아무리 소박한 메뉴라도 압도적인 풍경을 빌려오면 긴 이동 시간조차 납득시킬 수 있다는 사실을 알게 된다.

풍경은 분명히 매출과 이어진다. 인간의 행동과 환경의 상호작용을 연구하는 학문인 환경심리학은 자연 자극에 노출되는 것만으로도 스트레스가 줄고, 호흡이 길어지며, 체류 시간이 늘어난다고 말한다. 창가 자리의 만족도가 높다는 연구도 반복된다. 중요한 건 몸이 먼저 반응한다는 사실이다. 머무는 시간이 늘면 긍정적 고객 경험을 만들 기회가 늘고, 그 경험은 재방문과 추천으로 이어진다. 즉 감정의 선순환이 매출의 선순환으로 이어지는 것이다.

그렇다면 어떻게 우리 가게에 외부 요소를 접목시킬 수 있을까?

먼저 점심 장사를 할지, 저녁 장사를 할지에 따라 풍경의 역할은 완전히 달라진다. 브레이크 타임에만 빛나는 풍경이라면 아무 소용이 없다. 또한 한 번은 손님 자리에 앉아 음식을 앞에 두고 빛이 만드는 반사와 그림자를 살펴봐야 한다. 음식 뒤로 펼쳐질 장면이 어떤 얼굴을 하고 있는지 직접 느껴야 한다. 낮에는 햇살이 너무 뜨거울 수도 있고, 밤 풍경은 빛 때문에 아무것도 보이지 않을 수도 있다. 창밖 풍경은 그저 주어진 선물 같지만 냉정한 현실 검증이 필요하다.

메뉴와의 조화도 중요하다. 오션뷰에는 해산물이 어울린다. 해산물이 어렵다면 좀더 바다향이 많이 나는 메뉴가 좋다. 성게알이나 멍게 등 바다향이 뇌리에 좀더 남는 메뉴로 승부해야 한다. 앞바다의 시각 정보가 미각의 기대에도 영향을 미치기 때문이다. 반대로 숲 뷰에는 식물성 메뉴나 허브향이 자연스럽다.

우리 가게는 자랑할 만한 뷰가 없다고 생각하는가? 절대 그렇지 않다. 실제로 없기보다는 유심히 찾아보지 않았을 가능성이 크다. 가령 골목의 간판 불빛이 겹쳐 만드는 리듬, 매일 가게 앞을 어슬렁거리는 갈색 고양이, 비 오는 날 천막을 타고 흐르는 빗물 등도 작은 가게에서는 풍경이 된다. 정말 외부를 빌리기 어렵다면 실내에 프레임을 만들면 된다.

단, 차애경의 법칙은 독이 될 수도 있으니 주의가 필요하다. 풍경은 방치하는 순간 시드는 화초와 같다. 유리 얼룩을 지워줘야 하고, 넘어진 화분을 세워야 하며, 일몰에 맞춰 조도를 바꾸는 작은 행동이 필수로 있어야 한다. 대기 동선 안내, 사진 도와주기 멘트와 타이밍, 일몰 후 조도 전환까지 운영 매뉴얼로 표준화해둬야 한다. 메뉴와 가격도 체류 시간에 어울려야 한다. 이런 가게들은 체류가 길어지는 경향이 있으므로 메뉴의 가격대나 구성을 상황에 따라 달리 가져가야 한다. 최대한 많은 고객이 풍경을 즐기도록 서빙 동선을 정하고, 시야가

제한되는 좌석을 최대한 줄여야 한다. 리스크 관리도 미리 해야 한다. 폭염, 한파, 황사, 태풍에 대비한 플랜 B를 명확히 공지하고, 비가 오는 날에만 제공하는 레이니 데이(rainy day) 메뉴 등으로 나쁜 날씨를 좋은 기억으로 바꾸는 것이 좋다.

풍경을 빌려오는 일은 거창한 기술이 아니다. 시선을 바꾸고, 외부를 실내에 담아내며, 관리하고, 널리 알리는 습관을 들이면 된다. 내가 가져야 할 '나만 쓸 수 있는 풍경'은 늘 거기에 있다. 다만 발견하고 빌려와서 사용해줄 당신을 기다릴 뿐이다.

불편함에 답이 있다

장사를 하다 보면 남들이 잘 안 하는 것, 귀찮아하는 일이 있다. 예를 들어, 과정이 번거로운 작업, 시간이 오래 걸리는 것 등이 그렇다. 우리는 이런 걸 당연히 피하려고 한다. 하지만 만약 남들이 하기 싫어하는 걸 내가 대신해주면 어떨까? 손님들은 감동하고, 내 가게는 특별해진다. 이것이 바로 '불편 자산의 법칙'이다.

브랜딩에서 가장 중요한 것은 차별화다. 사람들이 '이 가게는 다르다'고 느껴야 브랜드가 된다. 그런데 세상에 없는 음식을 팔 수는 없지 않는가. 그저 기존 음식을 어떻게 제공하고, 어떻게 서비스하느냐에 따라 차별화가 생겨난다. 손님이 가게를 선택할 때 가장 중요한 것은 가격이 아니라 경험이기 때문이다. 비슷한 가격이면 더 편한 곳, 더 좋은 경험을 주는 곳을 선택한다. 그래서 불편함을 해결해주는 가게는 쉽게 망하지 않는다. 그리고 자연스럽게 브랜딩된다.

우리 동네에 옷을 수선해주는 집이 나란히 두 곳 붙어 있다. 매일 가던 곳만 가다가 하루는 문을 닫았길래 옆 수선집에 바지 기장을 맡겼다. 실력은 내가 가늠하기 힘들 정도로 비슷했다. 하지만 이후 나는 새로운 수선집에만 옷을 맡긴다. 그곳이 내 마음을 사로잡았기 때문이다. 바지에 실밥이 대롱대롱 달려 있었는데 그것까지 다 정리해준 것이다. 그리고 실밥 정리한 자리를 라이터로 지져서 더 이상 실밥이 풀리지 않게 했다며 잘 입으라는 말까지 하셨다. 똑같은 금액에 똑같은 서비스를 받았는데 이것 하나 때문에 나는 선택을 바꿨다. 수선집 사장님은 불편 자산을 가지고 있었던 것이다.

불편 자산의 법칙은 큰돈을 요구하지 않는다. 그런데 쉽게 따라 할 수 없는 무기가 된다는 점에서 작은 브랜드가 눈여겨봐야 하는 대목이다.

B2K브랜딩에서 운영하는 아카데미 5기에 생선구이집을 운영하는 사장님이 참여하셨다. 이분이 운영하는 생선구이집은 가시를 발라

주는 서비스로도 유명한데, 손님들의 후기를 보면 하나같이 '가시를 발라줘서 너무 편하게 잘 먹었다'는 내용이 있다. 불편 자산을 가지고 있는 셈이다.

차별화는 브랜드 생존의 핵심 요소다. 그러나 단순한 차별화는 경쟁자들의 모방으로 인해 지속성을 확보하기 어렵다. 이에 반해 불편 자산의 법칙은 경쟁자가 쉽게 따라 하지 못하는 구조적 차별화를 가능하게 한다.

불편 자산의 본질은 시장에서 기피되는 요소를 전략적으로 수용하는 것이다. 일반적으로 소비자는 편리함을 추구하며, 기업 또한 효율성과 생산성을 중시해 불편한 과정은 제거하려 한다. 그러나 이러한 편리성과 효율성을 극대화할수록 브랜드 간 차별화는 약화되며, 결국 가격 경쟁에 휘말릴 가능성이 높아진다.

반면 일반적으로 불편하다고 여겨지는 요소를 감수하고 이를 해결하는 과정 자체를 브랜드의 정체성으로 삼는다면 브랜드는 강력한 차별성을 확보할 수 있다. 즉 불편함을 해소하는 경험을 통해 소비자들에게 강한 인상을 남기고, 경쟁자가 쉽게 모방할 수 없는 진입 장벽을 형성하는 것이다.

불편 자산의 법칙은 단순히 서비스를 조금 더 편리하게 만드는 것이 아니라 불편함 자체를 전략적으로 활용해 브랜드의 정체성을 만드는 과정이다.

먼저 소비자들이 불편하다고 느끼는 부분을 찾아내고, 그것을 해결하는 방법을 차별화해야 한다. 그리고 이 해결 방식이 단순한 서비스 개선이 아니라 우리 브랜드만의 독특한 시스템이 되도록 만들어야 한다. 그러면 경쟁 업체가 쉽게 따라 할 수 없는 강력한 차별점을 가질 수 있다.

결국 남들이 기피하는 불편함을 감수하는 순간 내 브랜드는 흔한 브랜드들과 차별화되면서 특별한 존재가 된다. 이 특별함은 단순한 마케팅 전략이 아니라 소비자들이 내 브랜드를 선택하는 가장 결정적인 이유가 된다.

캠핑은 자연 속에서 자유를 만끽하며 힐링할 수 있는 매력적인 활동이다. 하지만 캠핑을 즐기기 위해서는 꽤 많은 수고로움이 필요하다. 텐트를 치고, 요리를 하고, 음식을 먹은 뒤에는 설거지까지 해야 한다.

B2K브랜딩에서 리브랜딩을 진행한 청주의 '캠핑펍글러브'는 바로 이 수고로움을 해결하는 방식으로 차별화에 성공했다. 보통의 캠핑장과 다르게 이곳에서는 손님이 식사를 마친 후 치우지 않아도 된다. 모든 정리는 직원들이 대신해준다. 이것이 바로 불편 자산의 법칙이 적

용된 사례다.

일반적으로 캠핑장에서 음식을 해 먹고 나면 설거지와 뒷정리가 가장 큰 부담이 된다. 고기나 해산물을 구우면 기름이 사방으로 튀고 식기와 조리도구를 세척하는 일이 번거롭다. 냄비, 접시, 그릴 등을 닦아야 하며, 쓰레기를 분리 수거해서 정리해야 한다. 이러한 과정이 귀찮아서 캠핑을 꺼리는 사람들이 많다. 캠핑펍글러브는 바로 이 불편함을 해결하는 것에 집중했다. 이 한 가지 요소만으로 캠핑펍글러브는 단순한 캠핑장이 아닌, 완전히 새로운 경험을 제공하는 공간이 되었다.

B2K브랜딩 아카데미 3기로 참여한 한 사업가도 '꽃길 뼈해장국 감자탕 1994'라는 브랜드를 새롭게 기획하면서 이 불편 자산의 법칙을 잘 활용했다. 기존 감자탕집의 전형적인 이미지에서 탈피해 세련된 인테리어와 차별화된 메뉴로 리브랜딩을 진행했고 불편함을 개선해 주는 메뉴를 추가로 개발했다.

물론 20년 넘게 아버지가 운영하던 매장을 바꾸려면 대단한 결단과 용기가 필요하다. 게다가 20년 동안 지켜온 레시피에 대한 고집 때문에 자칫 서로의 의견이 상충돼 제대로 된 결과물이 나오지 않을 수도 있었다.

우리가 주목한 건 '불편함'이었다. 해장국의 경우 뼈를 직접 발라먹어야 하는 번거로움, 잘못하면 국물이 튀어서 옷을 다 버리게 되는 경험을 개선해야 했다. 짧은 점심시간에 빠르게 먹을 수 있는 형태로의 개선도 필요했다. 그래서 고안해낸 게 바로 '17시간 저온 조리 수비드 순살 해장국'이었다. 수비드 기법으로 부드럽고 촉촉하게 조리한 돼지 목살 순살만을 제공하는 해장국은 단연 손님들의 불편함을 해소시켜주면서 인기 메뉴로 등극했다.

말이 쉽지, '특별한 케이스에만 적용할 수 있다'고 생각하는 사람이 많을 것이다. 일부 맞는 말이다. 다만 이 방법대로 하면 충분히 본인의 비즈니스에도 이 불편 자산의 법칙을 어느 정도는 적용할 수 있다.

불편 자산의 법칙을 성공적으로 활용하려면 다음과 같은 핵심 요소를 충족해야 한다. 쉽게 설명하기 위해서 캠핑펍글러브를 예시로 이야기해보겠다. 100퍼센트 본인이 하는 비즈니스와 일치하진 않겠지만 좋은 아이디어가 떠오를 것이다.

첫째, 고객이 불편해하는 요소를 찾아 해결하라. 모든 캠핑장이 공통적으로 갖고 있는 불편함 중 하나는 식사 후 정리의 번거로움이다. 캠핑을 떠난 사람들은 자연 속에서 여유를 즐기고 싶어 하지만 실제로는 요리 후 그릇과 조리도구를 설거지하고, 불판을 닦고, 쓰레기를 분리 수거하는 과정이 만만치 않다. 캠핑펍글러브는 이러한 불편함을 해결하기 위해 손님이 음식을 다 먹고 나면 치우지 않아도 되는 시스템을 도입했다. 즉 고객이 불편해하는 요소를 찾는 게 우선이다. 이걸 찾아야 다음 스텝을 밟을 수 있기 때문이다.

둘째, 해결하는 과정 자체를 브랜드의 차별점으로 만들어라. 캠핑 펍글러브는 단순히 '정리를 대신해주는 것'에 그치지 않고, 이 서비스를 브랜드의 가장 강력한 차별점으로 내세웠다. 그 덕분에 '치우지 않아도 되는 캠핑장'이라는 포지셔닝을 확립하며, 다른 캠핑장과 확실한 차이를 만들었다. 이러한 전략을 통해 캠핑펍글러브는 단순히 편리한 장소가 아니라 한 번 방문한 고객이 다시 찾고 싶어지는 곳 그리고 사람들에게 적극적으로 추천하고 싶은 곳이 되었다. 불편해하는 요소를 해결한 뒤에는 그 해결 방법을 차별점으로 만들어서 마케팅해야 한다. 그래야 마케팅 메시지가 정확해진다. 바이럴의 시초는 손님이 아니라 사장인 내가 만들어줘야 한다.

셋째, 경쟁자가 쉽게 따라 할 수 없는 시스템을 구축하라. 브랜딩에서 중요한 것은 차별화를 쉽게 따라 할 수 없도록 만드는 것이다. 만약 캠핑펍글러브가 일반적인 캠핑장과 같은 운영 방식을 유지했다면 비슷한 콘셉트의 경쟁 업체가 쉽게 등장할 수 있었을 것이다. 그러나 캠핑펍글러브는 단순한 캠핑장이 아니라 '캠핑펍'이라는 새로운 개념을 도입했다. 캠핑과 펍 문화를 결합하여 단순한 캠핑장이 아닌, 음식과

술을 즐길 수 있는 특별한 공간으로 브랜딩한 것이다.

특히나 아이들이 좋아하는 수제 햄버거를 직접 요리해서 제공하는 것은 다른 캠핑장에서는 좀처럼 볼 수 없는 구조다. 이러한 차별화 전략 덕분에 캠핑펍글러브는 경쟁자가 단순히 '치우는 서비스'를 추가하는 것만으로는 쉽게 따라잡을 수 없는 독보적인 브랜드가 되었다.

넷째, 고객이 자연스럽게 입소문을 내도록 유도하라. 아무리 좋은 브랜드라도 고객이 직접 경험하고 이를 주변에 알리지 않으면 성장하기 어렵다. 캠핑펍글러브는 블로그, 인스타그램, 유튜브 등의 온라인 플랫폼을 통해 자연스럽게 입소문을 타며 빠르게 확산되었다. 특히나 카카오톡 채널과 인스타그램을 활용한 쿠폰 시스템은 많은 매출을 견인하는 효자 노릇을 했다. 예를 들어 카카오톡 채널 친구가 되면 수제 햄버거 50퍼센트 할인 쿠폰이 날아온다. 인스타그램 팔로우를 하게 되면 또 다른 할인 쿠폰을 제공한다.

거기에 더해 '치우지 않아도 되는 캠핑장'이라는 콘셉트는 사람들이 궁금해하고 한번 경험하면 주변에 공유하고 싶어 하는 요소가 되었다. 네이버 블로그에서는 방문 후기와 함께 "이런 캠핑장은 처음이었어요!", "캠핑하면서 치울 걱정을 안 하니까 너무 좋았어요!" 등의 반응이 이어졌고, 인스타그램에서는 감성적인 캠핑 사진과 함께 "편하게 캠핑을 즐길 수 있는 곳"이라는 평가가 이어졌다. 유튜브에서는 여러 채널에서 "캠핑을 가고 싶지만 번거로운 게 싫다면 여기로 가보세요"라는 리뷰가 올라오면서 더욱 많은 사람이 관심을 갖게 되었다.

불편 자산의 법칙은 단순한 서비스 개선을 넘어, 불편을 전략적으로 활용하여 브랜드 정체성을 확립하는 과정이다. 고객의 불편함을 해결하는 순간 브랜드는 단순한 선택지가 아닌 고객이 반드시 찾고 싶은 곳이 된다. 브랜드가 평범함을 벗어나 특별함을 갖게 된다는 뜻이다. 그리고 이 특별함은 단순한 마케팅 포인트를 넘어, 고객이 브랜드를 선택하는 가장 강력한 이유가 된다.

덮칠 효과

그릇만 바꿔봤을 뿐인데

어느 날, 오랫동안 다니던 단골집에 갔는데 어딘가 달라졌다는 느낌을 받은 적이 있는가. 간판도 그대로이고 메뉴도 예전 그대로인데, 왠지 전보다 멋져 보이고 더 세련되게 느껴진다. 인테리어가 조금 바뀐 것 같기도 하고 직원들의 응대가 부드러워진 것 같기도 한데, 정확히는 무엇이 바뀌었는지 잘 모르겠다. 그렇게 '뭔가 좋아진 것 같아'라는 인상 하나만으로도 그 브랜드에 대한 신뢰가 조금 더 깊어진다.

반대로 어떤 가게는 너무 확 바뀌어버려 낯설게 느껴지기도 한다. 자주 가던 국밥집이 갑자기 대리석 인테리어에 고급스러운 이름을 달고 있다면 괜히 가격도 올랐을 것 같고 그 편안했던 분위기도 사라진 것 같아 발길이 뜸해진다.

사실 우리 대부분은 '익숙함 속에서 조금 나아진 느낌'을 좋아한다. 그래서 브랜드 리뉴얼도 그 부분을 고민하고 해결해야 한다. 갑작스럽고 급진적인 변화보다 기존의 매력을 해치지 않으면서도 뭔가 더 나아진 듯한 인상을 주는 것이 훨씬 더 강력한 브랜딩 전략이다.

이런 느낌이 바로 '덧칠 효과'다. 마치 오래된 캔버스에 바탕은 그대로 두고 새로운 색을 살짝 덧입히는 것처럼 전면 철거가 아니라 기존의 것 위에 새로움을 얹는 것이다. 덧칠하듯 가볍고 자연스럽게.

비슷해 보일 수 있지만 앞서 언급한 '맥락 재구성'과는 방향이 다르다. 맥락 재구성의 법칙은 '동일한 대상이라도 새로운 이야기와 관점을 입혀 전혀 다른 감정의 영역으로 옮기는 것'이라면, 덧칠 효과의 법칙은 '기존에 쌓인 감정과 익숙함은 그대로 유지하되, 그 위에 새로움을 살짝 더하는 전략'이다. 전자는 낡은 캔버스를 새 이야기로 완전히 바꾸는 작업이라면 후자는 기존의 캔버스를 존중하며 세련되게 다듬는 방식이다.

그 가게만의 질감, 단골손님의 기억, 주인장의 손맛 같은 본질은 보존한 채 메뉴판을 바꾸거나 조명을 바꾸거나 직원의 말투를 조금 정리하는 방식. 작지만 명확한 변화다. 고객은 익숙함 속에서 새로움을 느끼고 사장님은 큰 위험 없이 브랜드를 진화시킬 수 있다.

고객들은 왜 갑작스러운 변화에 저항하고 덧칠 효과처럼 부분적인 변화에는 호의적으로 반응할까? 그 배경에는 인간의 기본적인 심리 기제가 작동한다.

먼저 소유 효과(endowment effect)가 있다. 사람들은 자신이 이미 익숙하거나 소유하고 있는 것에 높은 가치를 부여한다. 고객은 단골 가게, 익숙한 메뉴, 자주 가던 골목의 공간에 대해 심리적 소유감을 갖는다. 이런 요소들이 하루아침에 사라지면 고객은 본인의 일상 일부가 사라졌다고 느낀다. 무언가를 잃어버린 느낌을 경험하는 것이다. 그런 면에서 덧칠 효과는 고객이 좋아하던 공간, 메뉴, 사람을 유지하면서 새로운 경험만을 더해주기에 소유 효과를 해치지 않는다. 고객은 신뢰를 잃을 걱정 없이 새로움을 얻는다. 변화를 거부하는 대신 환영하게 되는 이유다.

둘째, 현상 유지 편향(status quo bias)이라는 것이 있다. 인간은 원래의 상태를 유지하려는 성향을 갖고 있다. 갑작스러운 전환보다 천천히 변화하는 것을 선호한다. 덧칠 효과는 이 편향을 건드리지 않으면서도 새로운 경험을 제공하는 방식이다. 특히 외식업처럼 일상 루틴의 일부가 된 브랜드일수록 고객은 익숙한 구성을 그대로 둔 채 일부 요소만 달라지는 변화를 더 선호한다.

셋째, 프레이밍 효과(framing effect)가 있다. 같은 내용이라도 그것을 어떻게 말하느냐에 따라 반응은 완전히 달라진다. "전부 바꿨습니다"보다 "익숙함 위에 새로운 즐거움을 더했습니다"가 훨씬 심리적 안정감을 준다. 덧칠 효과는 이처럼 고객에게 안정과 호감을 주는 언어를 사용함으로써 변화 자체를 즐겁게 받아들이도록 설계한다.

넷째, 단순 노출 효과(mere exposure effect)가 있다. 우리 뇌는 익숙한 것을 더 긍정적으로 평가한다. 하지만 늘 같은 것만 보면 사람은 지루함을 느낀다. 결국 고객은 익숙함과 새로움 사이에서 균형을 원한다. 덧칠 효과는 이 균형을 전략적으로 설계하는 방법이다.

기존 고객이 좋아하던 맛, 분위기, 스토리는 그대로 두되, 거기에 미세한 새로움을 더하자. 조명 한 점, 메뉴 설명 한 줄, 테이블 위 작은 소품 하나가 고객에게 신선함을 선사한다. 오랫동안 알고 지낸 친구가 어느 날 새 옷을 입고 나타났을 때처럼 반가움과 기대감이 동시에 생긴다.

광진구의 '그레베르'는 르코르동블루 출신의 실력 있는 강상희 오너 셰프가 운영하는 이탈리안 레스토랑이다. 메뉴의 퀄리티는 높았지만 공간은 지나치게 정적이었고, 보기는 좋았지만 특색은 없었다. 우리는 강상희 대표와의 인터뷰와 컨설팅 과정에서 그녀의 열정과 요리

실력을 고객에게 더 많이, 더 깊이 보여주기만 하면 무조건 성공할 것이라는 확신을 가질 수 있었다.

우리는 공간을 잘게 쪼개 분해하듯 분석했다. 동선을 확보하기 위해 중앙 테이블을 없애고 테이블 세 개를 포기했다. 테이블 사이즈와 테이블 간의 간격을 넓혔다. 매장 입구에 있던 커피 머신을 과감하게 빼고 그 자리에 직접 수제 피자를 만들 수 있는 공간을 마련했다. 손님이 들어서는 순간 '이곳은 피자를 직접 굽는구나'를 느낄 수 있도록 메시지를 재구성한 것이다.

메인 요리들의 퍼포먼스적 요소도 추가했다. 고객 앞에서 요리의 마무리를 하는 등 조리 중인 셰프의 손놀림이 자연스럽게 공간을 채우도록 했다. 그러자 브랜드의 장점이 명확해졌다.

무엇보다 강상희 대표는 셰프들의 고질적인 문제점인 요리에만 매몰되는 관성을 과감하게 버리는 데 성공했다. 오히려 새로운 시각으로 사업적 마인드와 마케팅 감각을 장착해냄으로써 음식의 가치는 더 높아졌고 고객의 신뢰는 더 깊어졌다. 이는 당연히 매출로도 연결되어, 아카데미에 참여하기 전 저조한 매출로 폐업을 고민하던 강 대표는 이제 다수의 유명 리조트에서 입점 의뢰를 받는 입장으로 변화되었다.

경남 창원의 '안여사네 제철한상'은 원래 '안녀사네 한끼'라는 이름으로 운영되던 백반집이었다. 과거 곱창집 인테리어를 거의 그대로 사용해, 분위기는 낡고 어두웠다. 이름도 직관성이 떨어져 브랜드 인지가 낮았다. 하지만 이 가게엔 '매일 직접 시장에서 장을 보는 엄마의 손맛'이 있었다. 우리는 그 본질을 건드리지 않은 채 상호를 '안여사네 제철한상'으로 명확히 했다. 그리고 제철 식재료를 활용한 정갈한 한 상을 메인 콘셉트로 잡았다. 식기를 바꾸고, 한 상 안에 만족도를 높일 수 있는 구성을 기획하고, 중복되는 성격의 반찬들은 제거했다. 인테리어는 어수선한 부분을 가리는 버건디 컬러의 커튼과 조명만 덧칠했지만 분위기는 전혀 달라졌다. 당연히 손님들의 반응도 완전히 달라졌다.

인천 청라의 '양양입암막국수' 역시 덧칠 효과가 강력한 힘을 발휘한 사례다. 이병준 대표는 9년이라는 긴 시간 동안 묵묵히 막국수를 만들어왔지만, 들이는 정성에 비해 매출과 브랜드의 미래 가치는 늘 제자리걸음인 것 같아 고민이 깊었다. 변화가 절실했던 그에게 필요한 처방 역시 본질은 지키되 고객이 느낄 수 있는 감각적인 요소를 더하는 것이었다.

우리는 우선 막국숫집들이 관성적으로 사용하는 차가운 스텐 면기부터 걷어냈다. 대신 음식을 돋보이게 할 새로운 그릇을 선정하고 그에 어울리는 플레이팅을 기획했다. 메뉴 역시 기존의 제면 스타일과 어우러지면서도 신선함을 줄 수 있는 깻잎 페스토 막국수, 들기름 막국수, 들기름 표고 만둣국 등을 추가했다.

여기에 '막국수, 그 이상의 즐거움'이라는 슬로건을 더했다. 단순히 국수 한 그릇을 파는 것이 아니라 새로운 미식의 즐거움을 전달하겠다는 메시지로 프레이밍을 다시 짠 것이다. 결과는 놀라웠다. 월 매출은 두 배 가까이 뛰었고, 바뀐 분위기와 맛에 감동한 손님들이 오히려 "가격을 더 받으셔야 하는 것 아니냐"며 걱정할 정도가 되었다. 같은 노력이지만 최소한의 덧칠과 변화로 고객 만족도를 극대화하여, 경쟁자들을 앞서는 독보적인 브랜드로 거듭나고 있는 중이다.

이 사례들 모두 기존의 것을 지우지 않고 방향만 덧칠했을 뿐이다. 하지만 결과는 전혀 다른 길로 이어졌다. 브랜드는 완전히 다른 얼굴을 가지게 되었고 고객은 그 변화 안에서 안정감을 느꼈다.

덧칠, 겁먹지 말자. 어렵지 않다. 우리 브랜드의 방향부터 다시 점검한다. 지금 고객이 바라는 건 무엇이고 우리가 잘하는 건 무엇인가 찾아보라.

맛, 서비스, 사람처럼 건드려선 안 되는 본질은 보존·강화하고, 고객이 바로 느낄 수 있는 것 혹은 불편한 부분부터 바꾼다. 식기, 가구, 조명, 메뉴판, 음악, 말투 등 직원들과 함께 변화를 공유하고 자연스럽게 익숙해지게 한다. 그리고 바뀐 이유를 고객에게 반드시 설명한다. 친절한 한마디가 많은 걸 바꾼다. 반응을 보면서 천천히 또 덧칠해간다. 잘 안 맞으면 다시 원래대로 돌리면 된다.

본질은 그대로 두고 겉만 살짝 새로워지는 것. 큰 변화는 아니지만 고객은 거기서 감동을 느낀다. 너무 밋밋해졌다면 지금 당장 한 줄의 색을 더해보자. 브랜드라는 캔버스는 언제든 다시 덧칠할 수 있다. 그리고 그 한 번의 덧칠이 당신의 브랜드를 다시 살아 숨 쉬게 만들 수도 있다.

된장찌개에 캐비어 한 스푼

된장찌개에 캐비어 한 스푼을 넣고 5만 원에 판다면 손님들의 반응은 어떨까? 아마 궁금해서 호기심에 한 번은 사 먹을 수 있을 것이다. 하지만 재구매로 이어지기는 힘들다. 그런데 왜 이 이야기를 굳이 제목으로 지었을까?

극단적이지만 이색적인 조합은 브랜딩에 큰 역할을 한다. 지금 이 글을 읽고 있는 사람들 역시 '된장찌개에 캐비어?'라는 요상한 조합에 궁금증이 생겼을 것이다. 그리고 한 번쯤은 먹어보고 싶다는 생각도 했을 것이다. 어울리지 않을 것 같은 두 개의 조합으로 경험하고 싶게 브랜딩을 한다고 하면서도 이른바 '나 혼자 브랜딩을 하는 경우'가 많다. 나름 브랜딩하고 있다고 생각하지만 남들은 알아주지 않는 경우다. 결국 고객들이 한 번도 경험해보지 못하고 그 브랜드는 잊혀간다. 아예 있었는지조차 모를 정도로 그렇게 사라져간 브랜드가 너무나 많다.

오래전 브랜딩 관련 콘텐츠를 만들면서 영상 PD님에게 '붕어빵 장사를 해야 한다면 가장 먼저 뭘 할 거냐'고 물은 적이 있다. PD님은 붕어빵 기계를 사러 간다고 했다. 나는 그렇게 하면 절대 안 된다고 했다. 이유는 '기획'이 먼저이기 때문이다. 붕어빵을 어디서 어떻게 팔 것인지 그리고 기존 붕어빵을 그대로 팔 것인지, 아니면 변형한 붕어빵을 팔 것인지를 먼저 정하는 게 중요하다고 했다.

예를 들면 흑붕어빵을 만들면 기존 붕어빵에서 차별점이 생기니 사람들이 호기심을 가질 것이다. 거기다가 흑임자나 오징어먹물을 이용해 흑붕어빵을 만들었다면 건강 키워드까지 넣어서 브랜딩을 할 수 있다. 기존 붕어빵하고는 아예 다른 시장을 만들어서 판매가 가능하다. 아무리 작은 동네에서 노점상으로 붕어빵을 팔더라도 이렇게 기획이 들어가게 되면 브랜딩은 따라온다. 두 개의 색다른 조합을 통해 새로운 시장을 만들 수도 있다.

경쟁이 치열한 시장에서 독특한 조합은 브랜드를 돋보이게 만들 수밖에 없다. 이는 소비자에게 선택의 폭을 넓혀주고 해당 브랜드의 독자성을 강화하는 결과를 낳는다. 새로운 조합은 소비자 사이에서 쉽게 화제가 되고, 이는 자연스럽게 입소문을 타게 되어 브랜드 홍보에도 긍정적인 영향을 미친다.

'청년떡집'이라는 브랜드가 있다. 단순히 청년이 떡을 만드는 떡집이기 이전에 이곳은 인절미에 치즈를 넣거나 흑임자와 크림을 조합해 넣는다. 떡 하면 흔히 떠오르는 달콤한 팥고물이나 콩고물 대신 크림치즈, 초콜릿, 땅콩버터 등을 활용해 친숙하면서도 새로운 조합을 만들어냈다.

이런 조합은 떡을 잘 먹지 않던 젊은 소비자들에게 신선한 충격을 줬고, 떡을 한층 더 친숙한 디저트로 느끼게 만들었다. '떡 = 어른의 간식'이라는 고정관념을 깨고, '떡 = 감각적인 디저트'라는 이미지를 심어주는 데 성공한 것이다.

청년떡집은 브랜드명부터 로고·패키지 디자인까지 현대적인 감각을 가미해 젊은 세대가 좋아할 만한 스타일로 구성했다. 제품 패키지도 전통적인 한지 스타일이 아니라 깔끔한 로고와 감각적인 컬러 조합으로 기존 전통 떡의 느낌을 많이 뺐다.

핵심은 앞서 이야기한 '된장찌개에 캐비어 한 스푼' 전략이다. 인간의 뇌는 익숙한 것과 낯선 것이 결합될 때 강한 호기심을 느낀다. 이를 신기성 효과(novelty effect)라고 한다. 새로운 정보를 접하면 도파민이 분비되면서 집중력이 높아지고 기억에도 오래 남는다.

'떡은 떡이지, 떡에 치즈를 넣었다고?' 이런 생각이 드는 순간 뇌는 이 정보에 집중한다. '어? 한번 먹어볼까?'라는 생각이 들고, 경험해보면 기억 속에 강하게 자리 잡는다. 이것이 된장찌개에 캐비어 한 스푼 법칙의 핵심이다. 사람들이 익숙한 것과 낯선 것이 결합된 것을 보면 '도대체 이게 뭐지?' 하는 반응이 나오기 마련이다. 그 호기심이 소비 행동으로 이어진다. 그리고 해당 경험이 긍정적이라면 브랜드는 잊히지 않는다.

족발집의 마케팅 메시지는 보통 '맛있다', '직접 삶아낸다', '위생적이다', '부드럽다' 정도다. 그런데 우리가 기획한 브랜드의 마케팅 메시지는 '소개팅이 가능한 족발집'이었다. 무언가 색다른 메시지가 필요했기 때문이다.

강남구 테헤란로의 족발 브랜드를 기획할 때였다. 이미 자리를 구해놓은 본사에서 직영 매장의 브랜드를 기획해달라고 했다. 마침 근처에는 월 1억 이상을 판매하는 족발 브랜드가 이미 1등을 굳건히 지키고 있었다. 그것도 건물 두 동을 전부 족발집으로 쓰면서 말이다. 규모가 꽤 크다는 뜻이다. 이런 맛집이 존재하는 곳에서 바로 옆 건물 지하 1층에 자리 잡은 족발집이 '맛있다', '직접 삶아낸다', '위생적이다', '부드럽다' 정도의 말로는 경쟁이 되지 않을 게 뻔했다. 그래서 된장찌개에 캐비어 한 스푼 전략을 쓰기로 했다.

이미 족발 브랜드를 운영하고 있던 본사였기에 맛에 대한 기준은 가지고 있었다. 그래서 기획과 인테리어 그리고 메뉴에서 차별화를 두기로 했다. B2K브랜딩의 가장 큰 장점은 가성비와 가심비를 적절히 혼합하는 '가성심비' 브랜딩을 잘한다는 것이다. 클라이언트의 비용은 아끼되 손님들에게는 고급스러운 이미지와 브랜딩을 선사하는 데 특화되어 있다.

이 족발집은 족발집임에도 '소개팅이 가능한 족발집'의 콘셉트로 디자인 기획에 들어갔다. 특히나 지하에 룸을 만들고 쾌적함에 기준점을 잡고 족발집임에도 명화 액자를 걸 수 있을 정도로. 메뉴의 경우에도 한정 메뉴인 9,900원짜리 '로브스터 딱새우 막국수'를 만들었다. 지금은 브랜드 사정상 운영되지 않지만 당시에는 말 그대로 핫했다. 족발집과 소개팅이라는 키워드는 충분히 손님들의 뇌를 자극했다. 단순한 족발집으로 기획했다면 기존 족발 강자와 아예 게임이 되지 않았을 것이다.

대부분의 브랜드가 비슷한 제품과 콘셉트로 경쟁하는 상황에서 완전히 새로운 조합을 선보이면 눈에 띌 수밖에 없다. 단순히 좋은 제품을 만드는 것만으로는 소비자의 관심을 끌기 어렵다. 차별성이 핵심이다. 민트초코 치킨, 소금 커피, 치즈 퐁듀 떡볶이 등도 같은 맥락이다.

브랜드 수는 하루가 멀다 하고 늘어나지만 대부분의 브랜드가 비슷한 제품과 콘셉트로 경쟁하고 있다. 동일한 제품과 서비스만으로는 소비자의 선택을 받기 어렵다. 익숙한 것과 새로운 것의 조합 또는 말도 안 될 것 같지만 호기심이 생기는 조합은 일단 고객들이 경험은 해보려 한다. 고객이 경험하기도 전에 사라지기보다는 경험 이후까지 좋은 기억을 남기는 브랜딩을 해보면 어떨까? 평범하고 단순한 기획에서 벗어나 된장찌개에 캐비어를 넣어서라도 말이다.

14.0

적당한 거리를 완벽한 거리로

점심 한 끼에 얼마가 적당할까? 당신은 점심 한 끼에 얼마까지 지불할 수 있는가.

누군가는 무조건 만 원 아래라고 말하고, 누군가는 양만 많으면 된다고 말한다. 또 어떤 사람은 건강, 공간의 분위기 혹은 브랜드가 가진 태도를 더 중요하게 여긴다. 소비자의 기준은 각자 다르다. 정답은 없다.

하지만 외식업 브랜드 대표에게 이 질문은 전혀 다른 차원으로 다가온다. 우리는 한 끼를 팔고 끝나는 장사를 할 수 없다. 가격 하나를 정할 때도 여러 요소의 계산이 동시에 돌아간다. 고객의 심리적 허용선 안에 있는가, 이 가격으로 경쟁 브랜드보다 분명한 선택 이유를 만들 수 있는가, 원재료비와 인건비, 임대료 등을 감당하면서도 마진이 남는 구조인가, 한 번 온 고객을 다시 오게 만드는 락인(lock-in) 구조까지 설계할 수 있는가.

그래서 운영자의 질문은 이렇게 바뀐다. '얼마짜리 메뉴로 고객을 유인할 것인가. 그 가격 안에서 무엇을 얼마나 제공할 것인가. 그리고 그 구조로 얼마를 남기며 얼마나 오래 버틸 수 있을 것인가.' 14.0의 법칙은 바로 숫자 뒤에 숨은 구조를 정확하게 알아내기 위한 법칙이다.

14.0의 법칙을 한 줄로 요약하면 이렇다. 한 끼 1만 4,000원은 2026년 현재 한국에서 외식업 고객에게는 심리적 상한선이자 신뢰의 기준이고, 브랜드에게는 칩 프리미엄(전체 가격은 낮지만, 특정 요소에서 작은 사치를 더해 고급 경험을 주는 가성비 소비 트렌드)을 구현할 수 있는 최적의 전략 단가다.

여기서 1만 4,000원은 단순한 가격이 아니다. 고객이 의심 없이 지불할 수 있는 신뢰의 기준점이다. 구성의 완성도와 가성비 착시를 동시에 설계할 수 있는 지점이다. 나아가 업셀링 구조까지 포함한 전체 매출 구조의 기준선이다.

또한 1만 4,000원은 단품 하나의 가격이 아니다. 백반, 캐주얼 한

정식, 솥밥 상차림처럼 여러 구성 요소가 한 상으로 제공되는 형태다. 단품보다 2,000~3,000원 높지만 고객이 체감하는 만족감은 그 이상으로 커지는 메뉴 전략이다. 이 전략이 중요한 이유는 간단하다. 가격 경쟁을 하지 않고도 경쟁의 판 자체를 구성 경쟁으로 바꿔버리기 때문이다. 단품 메뉴 위주의 프랜차이즈와 같은 링 위에서 싸우지 않게 된다.

또 하나 분명히 해두자. 1만 4,000원은 영원한 진리가 아니다. 이 가격은 2026년의 물가와 비용 구조를 반영한 동적인 기준이다. 재료비와 인건비가 상대적으로 안정적이던 2023년에서 2024년 사이에는 점심의 심리적 상한선이 1만 2,000원에 가까웠다. 하지만 지금은 기본 메뉴들조차 가격이 올라갔고 중심 상권의 단품 위주 점심 시세, 즉 단무지나 김치 조금이 곁들여지는 덮밥이나 국수류나 탕류의 가격대가 1만 3,000원에서 1만 5,000원 사이에서 형성되면서 고객이 "이 정도면 제대로 먹었다"고 느끼는 기준도 함께 상향되었다. 결국 '일반적인 점심'과 '조금 제대로 먹는 점심'의 경계가 1만 4,000원에서 가장 현실적으로 수렴된다.

이제부터는 왜 1만 4,000원이 그런 힘을 가지는지, 머릿속에서 어떤 심리가 작동하는지 그리고 그 심리가 어떻게 매출 구조로 연결되는지를 차근히 풀어보자.

첫째, 사람은 가격을 절댓값으로 판단하지 않는다. 비교로 판단한다. 행동경제학에서 말하는 레퍼런스 프라이스, 즉 기준 가격이 그 비교의 축이다. 소비자는 '이 동네 점심은 이 정도', '내가 평소 쓰는 금액은 이 정도', '이 카테고리 시세는 이 정도' 같은 머릿속 기준과 실제 가격을 비교해 비싸거나 싸다고 느낀다. 문제는 이 기준이 고정되어 있지 않다는 것이다. 기준은 기억과 경험의 함수다. 시간이 지나면서 사람은 새로운 가격대에 적응하고 '정상'의 범위를 재설정한다.

도심 상권에서 캐주얼 점심의 가격대가 1만 3,000원에서 1만 5,000원 사이에 형성되는 상황이 계속되면 고객의 머릿속에 저장된 '괜찮은 점심 한 끼'의 기준도 그쪽으로 이동한다. 그래서 1만 4,000원은 감각이 아니라 결과다. 시장에서 관찰되는 시세가 축적되어 만들어 낸 숫자다. 저가형 백반이 9,000원에서 1만 1,000원, 체인형 한식과 면 요리가 1만 원에서 1만 3,000원, 구성 있는 캐주얼 점심이 1만 3,000원에서 1만 5,000원으로 가격대가 자리 잡는 가운데 1만 4,000원은 '조금 더 내지만 한 단계 위의 경험을 기대할 수 있는 구간'으로 기능한다.

기준값 근처에서 사람은 가장 관대해진다. 기준보다 너무 낮으면 의심하고, 기준보다 크게 높으면 거부감이 생긴다. 14.0의 법칙은 이 심리적 기준선 위에서 작동한다. 이 숫자가 예쁜 게 아니라 심리가 반응하는 위치가 그쯤이기 때문이다.

둘째, 가격은 품질의 신호로 읽힌다. 인지심리학과 마케팅 연구에서 말하는 '가격-품질 연상'이다. 우리는 모든 정보를 다 알 수 없을 때 가격을 보고 품질을 추론한다. 비싸다고 무조건 고급이라 믿지는 않지만, 지나치게 싼 가격에는 '뭔가 빠져 있을 것'이라는 직감이 먼저 작동한다. 외식에서는 이 직감이 더 강하다. 음식은 건강 및 위생과 직결되기 때문이다. 그래서 '너무 싸서 좋은 집'은 단기적으로는 유혹적일 수 있어도 장기적으로는 신뢰의 토대가 흔들릴 수 있다.

9,000원에서 1만 원대에 과하게 풍성한 구성을 올려놓으면 어떤 일이 벌어질까? 처음에는 '득템'처럼 느껴질 수 있다. 그러나 이런 일이 반복될수록 고객의 머릿속에는 질문이 생긴다. 이 원가 구조가 가능한가. 인건비와 임대료를 아는 고객일수록 싸서 좋은 게 아니라 싸서 의심스럽다고 느낄 가능성이 높다. 반대로 1만 4,000원은 중심 상권을 기준으로 이미 익숙한 가격대다. 고객은 '이 정도면 재료와 조리에 어느 정도 투자했겠지'라는 기대를 자연스럽게 품는다. 이 기대 위에 브랜드가 구성, 스토리, 공간, 서비스의 밀도를 얹어 체감 가치를 1만 8,000원에서 2만 원급으로 끌어올리면 고객은 가격을 다시 해석한다. 1만 4,000원을 냈지만 2만 원짜리 경험을 했다는 인식이 생기는 것이다. 이것이 칩 프리미엄이다.

칩 프리미엄은 흔히 말하는 가성비와 결이 다르다. 가성비는 '가격 대비 괜찮다'에 가깝고, 칩 프리미엄은 '가격 대비 과하게 좋다'에 가깝다. 기준은 절대 가격이 아니라 레퍼런스 프라이스다. 고객이 1만 4,000원에서 기대하는 기본 세트를 알고 있을 때 브랜드는 그 기대를 살짝이 아니라 확실히 넘어서는 방식으로 상품을 설계할 수 있다. 반찬의 수와 질, 국물의 완성도, 메인의 굽기와 플레이팅, 테이블 퍼포먼스, 공간의 온도, 서비스의 톤. 이런 요소들이 한꺼번에 맞물려 '믿을 수 있는 집'이라는 정서가 생긴다. 이 정서는 단순한 만족이 아니라 재방문과 추천으로 이어지는 락인의 시작점이 된다.

셋째, 가격이 합리적으로 느껴지는지도 중요하다. 사람은 '가격이 싸서 좋다'가 아니라 '가격이 합리적이라 좋다'에 더 오래 반응한다. 음식, 공간, 서비스의 질과 실제 결제 금액이 균형을 이루면 가격을 합리적이라 느끼고, 공정하다고 느낄수록 재방문 의도와 긍정적 구전이 강해진다. 1만 4,000원은 이 합리적 가격의 하한선으로 기능한다. 이 아래에서는 구성과 경험을 충분히 채우기 어렵고, 이 위로 올라가면 점심이라는 맥락에서 고객 부담이 빠르게 커진다. 그래서 1만 4,000원은 브랜드에게는 '이 정도는 받아야 제대로 만들 수 있다'는 최소선이고, 고객에게는 '이 정도면 그만한 이유가 있겠지'라고 받아들일 수 있는 기준선이다. 그 선에서 경험의 밀도를 채우면 가격의 합리성은 강화되고 락인과 재방문이 만들어진다.

14.0의 법칙에서 가장 중요한 것은 그 금액이 우리 브랜드에 접근하고 들어오게 만드는 '입구', 즉 최종 목적지가 아니라 유입시키는 가격이 되어야 한다는 것이다. 이는 메뉴판에서 1만 4,000원을 기준점으로 두고 1만 8,000원에서 2만 2,000원대의 상위 메뉴를 함께 배치하는 전략을 전제로 한다. 그러면 상위 메뉴는 과하게 비싸 보이지 않고, 1만 4,000원 메뉴는 더욱 합리적으로 느껴진다. 고객의 선택은 자연스럽게 계단을 타고 움직인다. 1만 4,000원에 만족을 경험한 고객은 이후 더 높은 가격대의 메뉴에도 훨씬 관대해진다. 칩 프리미엄은 이 지점에서 브랜드 전체 매출 구조를 여는 관문이 된다.

동두천의 '뗏마루 참숯으로 구운 고등어'는 1만 4,000원을 기준으로 삼았다. 고등어 원가, 손질과 조리 공정, 참숯 사용 비용까지 고려하면 결코 가볍지 않은 구조다. 그럼에도 기본 진입 가격을 1만 4,000원으로 설정한 것이다. 고객이 보는 것은 메뉴판의 한 줄이다. "참숯으로 구운 고등어 1만 4,000원."

이 숫자는 고객에게 두 가지 메시지를 동시에 준다. 한 번쯤 먹어볼 만한 가격이라는 신호 그리고 이 정도면 재료와 조리에 투자했겠지라는 신뢰의 신호다.

고객이 실제로 접하는 경험은 더 구체적이다. 참숯 특유의 향, 굽기 상태, 과하지 않지만 허술하지도 않은 상차림, 접시 구성과 매장의 공기. 이 경험이 가격과 균형을 이루는 순간 고객은 결론을 내린다. '여 긴 믿고 먹을 수 있다.' 신뢰가 생기면 선택은 넓어진다. 고갈비, 임연 수어, 모둠 구성, 찌개와 불고기를 포함한 한 상 구성 같은 상위 메뉴가 그다음 선택지가 된다. 1만 8,000원에서 2만 원대 메뉴는 14.0이 깔려 있기 때문에 부담 없이 선택된다. 여기서 1만 4,000원은 고등어 한 마 리의 가격이 아니다. 고객이 더 좋은 선택을 할 수 있도록 마음을 여는 입구 가격이다.

울산 삼산동 '구첩식당'의 점심 솥밥 상차림은 1만 4,000원으로 시 작한다. 솥밥, 9종 반찬, 안동식 소고기 된장전골 그리고 테이블에서 솥밥을 비벼 덜어주는 퍼포먼스. 이 밀도는 1만 원대 초반에서 사실상 구현하기 어렵다. 고객은 이 상차림을 마주하는 순간 머릿속에서 자 동적으로 비교를 시작한다. '요즘 백반도 1만 원이 넘는데, 이 구성에 1만 4,000원이면…….' 그 비교가 '가치의 차이'로 전환되는 순간 칩 프 리미엄이 완성된다. 체감 가치가 1만 8,000원에서 2만 원 수준으로 느 껴지는 것이다.

중요한 건 그다음이다. 점심의 만족은 곧 기대감으로 바뀐다. '점 심이 이 정도면 저녁 메뉴는 얼마나 좋을까? 다음에는 부모님을 모시고 와서 저녁 한 상을 먹어봐야겠다.' 이 생각이 고객의 머릿속에 자연스럽게 생성된다. 구첩식당에서 1만 4,000원짜리 점심은 단순한 점심 매출을 넘어 상위 점심 구성과 저녁 고단가 메뉴로 이어지는 브랜드 전체 매출 구조의 출발점이 된다. 14.0은 한 끼의 영수증이 아니라 디너와 모임 시장으로 이어지는 브리지다.

많은 레스토랑이 점심에 상대적으로 낮은 단가의 코스나 세트를 판매하는 것도 같은 맥락이다. 합리적인 가격에 고급 경험을 제공하고 그 경험이 저녁의 더 높은 단가로 이어지게 한다. 캐주얼 다이닝 체인들도 점심에 '밸류 런치'를 특정 가격 구간에 고정해 기준선을 심어주고, 디너에서 수익을 만드는 구조를 택한다. 본질은 같다. 점심은 신뢰를 만들고 저녁은 수익을 담당한다. 14.0의 법칙은 그 메커니즘을 2026년 한국의 점심 시장에서 한 상 차림을 기준으로 구체화한 버전이다.

여기서 빠지지 않고 나오는 질문이 있다. 더 싸면 더 좋은 것 아닌가요. 외식업의 실제 구조에서는 세 가지 이유로 '더 싸면 더 좋다'는 말이 성립하지 않는다.

첫째, 지나친 저가는 신뢰를 무너뜨린다. 고객은 싸서 좋아하기도 하지만, 싸서 의심하기도 한다. 특히 비용 구조가 알려진 시대일수록 '너무 싼데?'는 '뭐가 빠졌지?'와 연결된다.

둘째, 저가 칩 프리미엄은 브랜드를 유지시킬 최소한의 체력을 소모시킨다. 1만 원 안팎에서 과한 구성을 유지하면 원가율과 인력 소모가 비정상적으로 커지고, 장기적으로 구성이나 품질이 무너진다. 결국 가격을 올릴 수밖에 없고, 그 순간 고객은 배신감을 느낀다.

셋째, 저가는 유입은 만들지만 구조는 만들지 못한다. 상위 구성, 디너, 프리미엄 경험으로 이어지는 계단을 만들기는 어려운 것이다. 브랜드는 항상 '더 싸게'만 요구받고, 조금만 가격을 올려도 '이제 안 간다'는 반응을 마주하게 된다.

그래서 1만 4,000원은 싸게 파는 전략의 끝이 아니라 구조를 설계하기 위한 시작선이다. 고객이 의심하지 않고, 브랜드가 버틸 수 있으며, 업셀 구조까지 설계할 수 있는 거의 유일한 가격대라는 점에서 14.0의 법칙은 의미를 가진다.

번개처럼 오는 직감이 아니다

사람들은 자신이 무엇을 원하는지 모른다. 말로 표현하지도 않고, 설문조사에도 나오지 않는다. 하지만 분명히 마음 한구석에는 '이런 게 있었으면 좋겠다'는 막연한 감정이 자리 잡고 있다. 브랜드를 만드는 사람은 그 감정을 언어보다 먼저 읽어내야 한다. 그것이 보이지 않는 수요를 현실로 바꾸는 일, 브랜딩의 본질이다.

대부분의 사람은 자신이 무엇에 끌리는지조차도 자각하지 못한다. 오히려 눈앞의 선택지에 따라 즉흥적으로 판단하며, 나중에야 그 이유를 만들어낸다. "그게 그냥 좋아 보였어요"라고. 이 한마디 속에 인간의 소비 심리가 다 들어 있다. 사람들은 논리보다 감정으로 선택하고, 그 감정의 뿌리는 '나에게 딱 맞는가'에 있다.

하버드대 심리학자 제럴드 잘트먼(Gerald Zaltman)은 "소비자의 95퍼센트는 무의식적으로 결정한다"고 말했다. 우리가 합리적으로 판단한다고 믿는 순간조차 실제로는 감정과 본능이 먼저 결정을 내리고 이성을 통해 '그럴듯한 이유'를 나중에 만들어낸다는 것이다.

행동경제학자 대니얼 카너먼은 인간의 사고 체계가 두 가지 방식으로 구성되어 있다고 설명했다. 하나는 '시스템 1', 즉 자동으로 반응하는 빠른 생각이다. 다른 하나는 '시스템 2', 즉 천천히 계산하고 따져 보는 느린 생각이다.

예를 들어 마트에서 어떤 옷을 보고 '와, 예쁘다!' 하고 바로 집어 드는 건 시스템 1이 하는 일이다. 감정이 먼저 움직인 것이다. 그런데 계산대 앞에서 '이 정도 가격이면 괜찮지', '요즘 나한테 이런 색이 필요했잖아'라고 하는 건 시스템 2가 나중에 합리적인 이유를 만들어주는 것이다. 즉 우리는 감정으로 먼저 선택한 다음 이성으로 그 선택을 설명한다.

사람들은 대부분 이 두 번째 과정 때문에 '자신이 생각하고 결정한다'고 착각하지만 사실 이미 마음은 처음부터 결정돼 있었던 셈이다.

문제는 사람들이 그 감정을 스스로 인식하지 못한다는 것이다. 사람들은 '무엇이 나를 만족시키는가'를 모르고 살아간다. 그래서 시장 조사만으로는 진짜 욕망을 읽어낼 수 없다. 수요는 이미 존재하지만 형태를 갖추지 못했을 뿐이다. 결국 브랜드의 역할은 사람들이 아직 언어로 설명하지 못한 욕망을 대신 말해주는 것이다.

진짜 강한 브랜드는 설명보다 감각으로 다가온다. 이유를 묻기 전에 '그냥 좋다'는 감정이 먼저 온다. 소비자는 의식적으로는 몰라도 무의식적으로는 알고 있다. 이 브랜드가 나를 배려하고 있는지, 아니면 단순히 판매에만 급급한지. 그 차이를 구분하는 능력은 의외로 섬세하다. 그래서 브랜드는 시장을 설득하는 대신 사람들의 무의식과 공명해야 한다.

누군가는 '사람들이 뭘 원하는지 모른다면 어떻게 예측하느냐'고 묻는다. 하지만 성공하는 브랜드는 데이터를 예측하는 대신 사람의 감정을 관찰한다. 불편함이 쌓이는 지점, 반복되는 행동 그리고 그 사이의 '공백'을 본다. 누군가가 불만을 표현하지 않아도 그 자리에 결핍이 있다면 그것이 곧 기회다.

대부분의 브랜드는 경쟁자를 보며 차별화를 고민하지만 진짜 차별화는 '사람이 느끼는 결핍'을 먼저 발견하는 것에서 시작된다. 경쟁이 심한 시장에서도 어떤 브랜드는 유독 돋보인다. 그 이유는 창의적인 디자인이나 강한 마케팅 때문이 아니다. 그 브랜드가 사람들의 마음속에 깃든 이름 없는 욕망을 먼저 대변했기 때문이다.

사람들은 "이런 게 필요해요"라고 말하지 않는다. 다만 그런 브랜드가 나타나면 "맞아, 이거였어"라고 반응한다. 그 순간 브랜드는 단순한 제품이 아니라 감정의 언어가 된다. 그것이 브랜딩의 가장 강력한 순간이다.

울산 삼산동의 '구첩식당'이 퍼펙트 타이밍 법칙의 아주 좋은 예다. 사람들이 스스로 말하지 못하는 욕구가 상권에 잠복해 있었고, 그 욕구의 파도가 올라오는 순간에 해답처럼 만들어낸 브랜드이기 때문이다.

구첩식당을 운영하는 지성우 대표는 이미 여러 곳에서 고깃집을 운영하고 있었다. 그래서 그런지 시장을 보는 눈도 남달랐다. 함께 구첩식당을 기획할 당시 그의 의견이 큰 도움이 됐다. 현재 구첩식당은 매일 웨이팅이 열 팀 이상 있을 정도로 평균 매출이 안정되어 있다. 특출난 마케팅을 하고 있지 않음에도 네이버 월간 조회수 2만 회 이상의 '울산 삼산 맛집'에 당당히 첫 페이지를 장식하고 있다.

울산 삼산동의 상권은 겉보기엔 단순했다. 낮에는 관공서 근무자와 사무직 종사자 그리고 자영업자가 많았고 주변에는 중소형 아파트와 단독주택이 밀집해 있었다. 저녁에는 고깃집으로 손님이 몰렸지만 점심시간에는 마땅히 식사할 곳이 없었다. 이곳의 직장인과 주민들은 '제대로 된 한 끼'를 찾고 있었다. 하지만 그런 한 끼를 제공하는 가게는 없었다.

조용한 신호는 이미 곳곳에서 감지됐다. 반찬 소비가 꾸준히 늘고 있었다. 맞은편 반찬 가게는 항상 붐볐고 고객층도 다양해지고 있었다. 이런 현상은 단순한 유행이 아니라 '집밥에 가까운 한식'을 찾는 흐름의 증거였다. 여러 반찬이 정갈하게 차려진 한 상에 대한 수요가 분명히 존재했다.

반면 울산 삼산동 번화가의 풍경은 달라지고 있었다. 울산의 대표적 번화가인 삼산동에는 현대백화점 울산점이 자리하고 있고, 업스퀘어와 디자인거리 상권이 형성되어 있으며 '쇼핑·외식 중심지' 이미지가 강했다. 2010년대 초중반 언론 조사에서는 '가장 빠르게 뜨는 핫스폿'으로 거론되었고, 임차료 대비 매출 상위권 상권으로 평가받기도 했다. 하지만 최근 공기가 달라졌다. 경기 둔화와 고물가 여파로 성남동과 삼산동 일대 공실 증가 보도가 이어졌다. 현대의 제조 라인은 여전히 울산에 있지만 컨트롤타워가 서울로 올라가면서 지역 상권의 체력은 많이 약해졌다. 2022~2025년에는 울산 전체 인구가 감소했고, 특히 20~30대 인구의 유출이 심했다.

하지만 매출 규모가 예전만 못한데도 신규 고깃집은 많아졌다. 경쟁자들이 범람하는 시기를 지나자 작은 파이를 나눠먹는 비효율적 경쟁 구조가 이어졌다. 초번화가 주변의 생활 상권에서는 한정식집과 백반집이 하나둘 사라지고 있었다. 반찬 중심의 정성스러운 식사는 줄어드는 대신 빠르고 자극적인 메뉴들이 상권을 채웠다.

시장은 언제나 '결핍'을 향해 열린다. 고깃집이 늘어날수록 사람들은 오히려 고깃집이 아닌 곳을 찾았다. 조용하고 정갈하게 한 끼를 즐길 수 있는 공간. 그 공백이 바로 기회였다.

이렇듯 '대접받는 한 끼'에 대한 숨은 수요가 증가하는 가운데 우리는 아홉 가지 반찬을 정갈하지만 무겁지 않게 소비하고 싶은 욕구를 타깃 삼아 특별한 날에만 먹는 거한 한 상의 한정식이 아닌 캐주얼 한정식의 공백을 메우기로 했다. 그렇게 구첩식당이라는 브랜드가 기획되었다. 우리는 우선 이 상권의 흐름을 분석하여 하나의 문장으로 방향을 세웠다. '아홉 가지 반찬, 한 끼 이상의 대접.' 이 문장은 브랜드의 철학이자 설계의 기준이 되었다.

간판은 주변 매장에서는 볼 수 없는 매트한 질감으로 제작했다. 오래된 건물 사이에서 고급스러운 첫인상을 주기 위해서였다. 전면은 통창으로 열어뒀다. 낮에는 반찬 가게를 찾는 주부들이, 밤에는 맞은편 생고깃집을 찾는 손님들이 내부를 자연스럽게 볼 수 있도록. 시간이

지나면서 그 시선들이 유입으로 바뀌었다. 주변 매장들이 오히려 도움이 된 것이다.

매장 안은 작은 공간을 최대한 활용해 설계했다. 대부분의 좌석을 안정된 등받이가 있는 붙박이 스타일로 구성했다. 소음이 적고 편안해야 '대접받는 느낌'이 완성되기 때문이다. 폴딩도어 구조로 룸을 나누고 연결하여 낮에는 점심 모임, 밤에는 단체 회식까지 모두 수용할 수 있게 했다. 작은 공간에서도 단체 예약이 가능한 구조는 이 상권에 꼭 필요한 조건이었다.

조리 공간을 숨기지 않은 것도 의도적인 설계였다. 참숯불 위에서 고기가 초벌되는 장면을 직접 목격한 손님들은 입소문을 만들어냈다. 불의 소리, 연기의 냄새, 시각적 움직임이 식욕을 자극했다.

기획된 퍼포먼스도 빠지지 않았다. 손님 앞의 철판 위로 윤기 흐르는 LA갈비가 올려진다. 직원이 소스를 붓는 순간 '치이익' 소리가 나면서 불꽃이 반응한다. 하얀 연기가 피어오르고 그 향이 주변 테이블로 번진다. 사람들은 잠시 젓가락을 멈추고 철판에 시선을 빼앗긴다. 사진과 영상을 찍게 되는 퍼포먼스이자 식사 한 끼가 공연으로 바뀌는 순간이다. 고기와 전을 함께 먹는 조합, 매일 바뀌는 반찬의 다양함이 손님들에게 새로운 즐거움을 준다.

벽면에는 대표 메뉴의 이미지와 스토리를 붙였다. 손님이 한 번만

방문해도 매장의 철학을 이해할 수 있도록 말이다. 카카오톡 채널을 이용한 이벤트로 방문 손님을 재방문 고객으로 전환했다.

결과는 빠르게 나타났다. 오픈 직후부터 웨이팅이 생겼고 점심 예약은 금세 마감됐다. 손님들은 '정성스럽다', '대접받는 느낌이다'라는 말을 남겼다. 리뷰 키워드는 맛, 친절, 인테리어, 양에 대한 만족으로 도배됐다. 고객이 자발적으로 브랜드 언어를 대신 말해주기 시작한 것이다. 그 덕분에 구첩식당은 오픈 20일 만에 일 매출 300만 원을 달성했다. 열 개 남짓한 테이블로 이룬 성과였다.

이 브랜드가 성공한 이유는 명확하다. 첫째, 고객의 니즈를 파악했다. 둘째, 경쟁이 없는 카테고리의 빈틈을 정확히 짚었다. 셋째, 타이밍에 맞게 기획된 브랜드로 일관된 경험을 제공했다. 이 세 가지가 퍼펙트 타이밍 법칙의 핵심이다. 사람들은 자신이 원하는 것을 말하지 않는다. 하지만 현장은 늘 그 힌트를 준다. 그 신호를 먼저 읽는 순간 브랜드의 방향은 정해진다. 원하는 것을 만들어라. 사람들에게 묻기 전에 현장에서 느껴라. 그들이 말하지 않아도 이미 필요로 하는 것을 읽어라. 브랜딩은 설득이 아니라 타이밍이다. 구첩식당은 그 타이밍에 정확히 들어온 브랜드가 되었다.

브랜딩의 타이밍은 번개처럼 오는 직감이 아니라 긴 시간의 관찰

끝에 작동하는 직감이다. 구첩식당의 타이밍 역시 하루아침에 잡힌 것이 아니었다. 상권의 피로, 고객의 패턴, 업종의 흐름이 서서히 누적된 결과였다. '지금이다'라는 확신은 결국 '이미 알고 있었다'의 다른 말이었다.

좋은 타이밍은 준비된 사람에게만 보인다. 시장은 매일 신호를 보낸다. 다만 대부분의 사람은 그 신호가 충분히 커지기 전까지는 들으려 하지 않는다. 하지만 브랜드를 만드는 사람은 반대로 움직여야 한다. 신호가 작을 때 움직여야 한다. 그 시점이 '아직 아무도 하지 않은 타이밍'이다.

경영학자 피터 드러커는 "미래를 예측하는 가장 좋은 방법은 그것을 창조하는 것"이라고 했다. 타이밍을 기다리는 사람은 늘 늦는다. 타이밍을 만드는 사람만이 시장의 주도권을 가진다. 변화는 준비된 사람에게 '기회'로 보이고, 준비되지 않은 사람에게는 '위기'로 보인다. 같은 신호를 보고도 전혀 다른 선택을 하게 되는 이유다.

마케팅의 거장 필립 코틀러 역시 시장에서 가장 중요한 것은 "수요가 터진 뒤의 대응"이 아니라 "수요가 생기기 직전의 자리 선점"이라고 말한다. 사람들이 아직 말하지 않았을 때, 아직 눈치채지 못했을 때 먼저 움직이는 브랜드만이 다음 파도를 탄다.

브랜딩에서 타이밍을 안다는 건 '예측'이 아니라 '준비'의 문제다.

사람들이 아직 말하지 않은 욕망을 미리 읽고, 그것을 언어와 공간, 경험으로 미리 만들어두는 일. 그렇게 준비된 브랜드만이 파도가 왔을 때 밀려나는 대신 떠오른다.

구첩식당은 그 과정을 증명했다. 상권의 공백을 분석하고 변화의 신호를 모아 한 문장으로 정리했다. '한 끼 이상의 대접.' 그 한 문장은 하루의 흐름, 인테리어, 서비스, 음식 구성에 이르기까지 모든 의사결정의 기준이 되었다. 브랜드의 타이밍은 결국 이 기준을 얼마나 오래 일관되게 지켜내느냐에 달려 있다. 퍼펙트 타이밍의 법칙은 '운 좋은 순간'의 이야기가 아니다. 타이밍은 절대 짧지 않다. 지금 이 순간에도 많은 타이밍이 흐르고 있다.

평수만 넓히면, 광고만 더 한다면?

여기 장거리 연애를 하고 있는 커플이 있다. 한 달에 한 번 겨우 보고, 막차 시간에 늘 쫓기고, 기념일도 영상통화로 넘긴다. 좋긴 한데 피곤하고, 애틋하긴 한데 지친다. 그렇게 힘든 연애가 끝나고 나면 다짐이 생긴다. '다음엔 무조건 가까이 사는 사람 아니면 절대 안 만나.'

그리고 정말 집에서 차로 10분 거리, 메시지만 보내면 금세 만날 수 있는 사람이 나타난다. 취향이나 성격을 다 파악하지 못했는데, 마음이 절반은 먼저 열린다. 이전 연애에서 가장 힘들었던 '거리'라는 결핍이 사라졌기 때문이다. 보고 싶을 때 볼 수 있고, 우연을 가장해 마주칠 수도 있고, 아무리 바빠도 잠시 만날 수 있다. 처음엔 그게 참 행복하다. "그래, 이거지." 그동안 멀리 사는 사람과 안 될 걸 알면서도 버틴 시간이 후회될 정도다. 큰 장애물이 치워진 듯 개운하다.

그런데 시간이 지나면 안 보이던 것들이 눈에 들어온다. 대화의 방식, 생활 패턴, 갈등을 풀어내는 방법 등등. 그제야 깨닫는다. 지난 연애에서 거리라는 결핍이 사라졌다고 해서 새 연애의 모든 게 저절로 잘되는 건 아니구나.

사업도 똑같다. 좁은 주방에서 고생한 사장님은 넓은 매장을 보면 마음이 먼저 열린다. 주차 문제로 힘들었던 사장님은 주차장이 있는 곳만 보면 반은 해결됐다고 믿는다. 인스타그램 노출로 괴로웠던 사장님은 사진만 잘 찍히면 손님이 몰릴 거라 생각한다. 과거에 가장 아팠던 그 한 가지가 해결되면 모든 게 괜찮아질 것 같은 그 기분. 바로 여기에 '결핍 착시'가 숨어 있다.

결핍 착시의 핵심은 단순하다. 부족했던 것 하나만 해결하면 다 잘될 거라 믿는 착각. 사람은 과거 자신을 가장 괴롭힌 결핍이 해결되는 순간 성공의 열쇠를 쥐었다고 착각하기 쉽다. 시야는 터널처럼 좁아지고 다른 중요한 요소는 소홀해진다. 선택은 단순하고 시원해 보이지만 실제로는 위험해진다. 결핍은 수많은 단서 중 하나일 뿐, 유일한 정답이 아니다.

심리학에선 이를 '터널 비전'이라 부른다. 특정 문제에 너무 집중한 나머지 주변 정보를 보지 못하는 인지적 오류다. 쉽게 말해, 한 번 꽂히면 다른 게 안 보이는 상태가 된다는 것이다. 좁은 주방 때문에 고생한 사람은 '평수만 넓히면 다 해결'이라 믿기 쉽고, 리뷰가 적어 속상했던 사람은 '리뷰 이벤트만 하면 매출 상승'으로 연결해버린다. 압박이 클수록, 감정이 강할수록, 과거 경험이 지배적일수록 터널은 더 좁아진다. 빨리 결론 내리고 싶을수록 한 가지 조건만 눈에 들어온다.

외식업 현장에는 이런 장면이 넘쳐난다. 작은 가게에서 대기 줄 때문에 늘 죄송했던 사장님이 40평 매장으로 옮겼다. 주방이 넓어져 행복했지만 고정비가 세 배로 늘었다. 회전율은 떨어지고 피크타임 외의 시간엔 텅 빈 좌석이 눈에 밟혔다. 평수라는 결핍은 해결됐지만 인건비, 회전율, 상권 특성 등을 놓쳤다.

주차 컴플레인을 자주 듣던 오피스 상권의 국밥집은 다음 매장을 주차장만 보고 계약했다. 그런데 그곳은 직장인 동선과 먼 곳이었다. 주력 시간대인 점심 매출이 사라졌고 저녁만으로는 월세와 인건비가 버거웠다. 주차를 문제 삼던 몇몇 손님의 잔소리를 피하려다 더 큰 대가를 치른 셈이다.

'메뉴가 단조롭다'는 몇 줄의 리뷰에 휘둘려 메뉴를 두 배로 늘린

호프집도 있다. 결과는 주방 동선 꼬임, 숙련도 분산, 제공 시간 지연. 결국 이 집의 강점이던 직관적인 맛과 빠른 속도를 잃어버렸다. 다양성은 늘었지만 정체성은 옅어졌다.

개점 20년 차 노포는 '인테리어만 바꾸면 된다'고 믿고 급히 리모델링을 했다. 잠깐은 붐볐지만 곧 조용해졌다. 문제의 핵심은 인테리어가 아니라 주방 동선, 핵심 메뉴, 서비스 교육이었다. 장점이던 노포스러움은 사라지고 단점만 남았다. 매출은 곤두박질쳤다.

중요한 건 착시를 구별하는 힘이다. 어떤 결핍은 반드시 해결해야 한다. 어떤 결핍은 활용하거나 우회할 수 있다. 관건은 결핍 자체보다 그걸 바라보는 태도다.

좁아진 시야를 점검하는 방법은 생각보다 간단하다. 먼저 스스로를 잠깐 멈춰 세우는 것이다. 우리는 상대가 눈앞에서 답을 요구하면 예의와 체면을 이유로 즉답하려 한다. 사기꾼이나 영업자에게 악용당하기 쉬운 특성이다. 한국에서는 '미루기'가 곧 게으름으로 읽히기도 한다. 하지만 비즈니스에서는 확신이 없을 경우 면전에서 바로 대답하지 않는 것이 좋다. 확신 없는 즉답은 위험을 키우기 때문이다. 이럴 때는 미루는 게 아니라 숙고하는 것이다. "내일 오전 11시까지 검토해서 답 드리겠습니다"처럼 기한을 분명히 정해 알리고, 감정이 섞이기 쉬운 대면 대화 대신 전화나 이메일로 정중히 회신하면 신뢰는 오히려 높아진다.

멈춰 섰다면, 이제 잔뜩 꼬인 실뭉치를 하나씩 풀어헤치듯 결핍을 쪼개고 나눠본다. 지금 내가 느끼는 불안과 불편을 뭉뚱그려 묶어놓으면 무엇을 고쳐야 할지 보이지 않는다. 평수를 넓히려는 욕구가 회전율 때문인지, 직원의 피로 때문인지, 고객 경험 때문인지 목적을 나눠보는 것이 먼저다. 그다음 그 목적을 가로막는 제약, 예를 들면 임대료 상한, 인건비 증가폭, 교육 기간, 장비 한계 등을 따로 적어본다. 주차, 동선, 임대료 등과 같은 항목도 각각 쪼개어 비용과 효과를 따져보자.

가령 '불안하다'는 감정과 '점심 회전율 시간당 0.7회'와 같은 사실을 분리해놓으면, 해결해야 할 문제가 구체적인 이름을 갖는다. 뭉뚱그려진 결핍은 커다란 그림자를 드리울 뿐이지만 지독할 만큼 잘게 쪼개어진 결핍은 다양한 대안을 도출해준다. 평수 확대 말고도 좌석 운영을 바꾸거나 핵심 메뉴의 리듬을 조정하거나 동선을 재설계하거나 피크타임에 한정 코스를 도입하는 길이 한꺼번에 눈앞에 놓인다.

마지막으로 필요한 건 그렇게 도달한 결정을 곧바로 전면 적용하는 것이 아니라 작게 나눠 시험해보는 것이다. 우리는 결정을 내리면 전광석화처럼 전면 도입하고 싶어 한다. 그럴수록 매몰비용이 발생할 가능성이 눈덩이처럼 불어난다. 전부를 거는 대신 짧고 작고 싸게 시험하자.

　신메뉴가 떠오르면 2주 동안 점심에만 하루 20개 한정으로 내보면서 제공 시간과 회전율, 베스트 메뉴 잠식률 등을 미리 정한 기준으로 살펴본다. '목표 제공 시간 10분 이내, 회전율 0.4회 상승, 전체 판매 상품 중 신메뉴 판매 비율 10퍼센트 이내' 등과 같은 숫자를 정해놓고 하나라도 벗어나면 즉시 멈춘다. 셀프바를 고민한다면 점심시간 90분만 열어보고는 주방 피로도와 고객의 반응, 리뷰의 단어 패턴을 관찰해본다.

　실험에는 반드시 끝이 있다. 7일 차, 30일 차 등 기준을 정해 한 번씩 결과를 되돌아보고, 수정안을 반영해 2차 파일럿을 해본다. 그렇게 작은 실험들을 거친 뒤에야 정식 편입을 결정한다. 빨리 작게 틀리고 빨리 크게 맞추는 리듬을 몸에 붙이면 급한 결핍이 남기는 상처는 얕아지고 좋은 선택에는 가속이 붙는다.

　이 세 가지는 사실 하나의 흐름이다. 즉답을 멈춰서 생각의 공간을 만들고, 그 공간에서 결핍을 요소로 쪼개고, 쪼개진 요소를 작게 시험해 숫자로 판정한다. 이 과정을 거치면 결핍은 더 이상 눈을 가리는 착시가 아니라 정밀한 단서가 된다. 그리고 단서는 넓어진 시야 속에서 비로소 정답에 가까워진다.

광고도 마찬가지다. 고쳐야 할 결핍을 덮어둔 채 광고로 소음을 키우면 위험하다. 광고는 확성기라서 음이 틀리면 크게 들린다. 광고 집행 전에 '캠페인이 끝나도 고객에게 긍정적으로 남을 브랜드 경험이 될 수 있는가, 몰리는 시간대에 운영이 받쳐주는가, 성공 지표는 무엇인가'부터 점검하라. 하나라도 흔들리면 그 광고는 해법이 아니라 결핍을 가리는 유혹에 가깝다.

현장에서 결핍 착시는 감정이 고조될 때 가장 강해진다. 피크타임 직후와 마감 직전. 그때만 되면 '평수만 넓히면', '메뉴만 늘리면', '광고만 더 많이 하면' 등과 같은 생각이 고개를 든다. 하지만 결정을 내리기에 좋은 시간은 따로 있다. 피크타임 전에 준비할 때, 숫자를 정리할 때, 외부 현장을 볼 때다. 결핍이 내 마음을 뒤흔들며 언제 어느 문으로 들어올지를 알면 그 문 앞에 표지판을 세울 수 있다. '지금은 결정할 시간이 아니다. 내일 오전, 숫자와 함께 보자.'

결핍을 자산으로 바꾼 또 다른 사례가 있다. 용산 용리단길에 위치한 라쁘띠메종이다. 젤라토와 초콜릿을 함께 판매하는 브랜드다.

B2K브랜딩에서 처음 이 브랜드를 만났을 때 대표의 상태는 꽤 지쳐 있었다. 그는 오랫동안 수제 초콜릿을 만들어온 사람이었다. 하지만 비수기가 길고(그에 반해 성수기는 짧다), 아직은 고급 수제 초콜릿에 대한 니즈가 크지 않았기에 일본식 라멘집으로 업종 전환을 했다. 결

과는 기대와 달랐다. 경쟁은 치열했고, 애매한 콘셉트의 라멘집은 용리단길에서 살아남기 어려웠다. 다시 한번 방향을 잃은 상태였다.

입지만 놓고 보면 문제는 없었다. 대한민국에서 가장 핫한 거리 중 하나인 용리단길 한복판. 일반적인 해결책은 뻔했다. 라멘집에 맞는 다른 입지로 이동하거나 현재 위치에서 인테리어에 다시 투자하고 메뉴를 재정비해 강한 마케팅 포인트를 만드는 것.

하지만 우리는 그 접근 자체가 결핍 착시라고 판단했다. 문제는 '무엇을 버릴 것인가'가 아니라 '어떻게 살릴 것인가'였다.

우리는 결핍을 덮는 대신 서로의 결핍을 줄이는 방향을 택했다. 수제 초콜릿과 젤라토를 함께 판매하는 매장으로 브랜딩 방향을 재정의한 것이다. 겨울에 강한 초콜릿, 한겨울만 아니면 충분히 시즌을 길게 가져갈 수 있는 젤라토. 두 아이템은 서로의 약한 계절을 보완해 주었다.

여기에 대표의 이력을 숨기지 않았다. 프랑스 요리 전문 교육과정인 '에콜 르노트르 요리 마스터 클래스(École Lenôtre Master Class)' 졸업에 직접 제과 유학을 다녀온 경력을 매장 내 사이니지로 자연스럽게 풀어냈다. 기존 인테리어는 거의 손대지 않고 건물 외관만 정리해 메시지를 명확히 했다. '여기는 그냥 젤라토 가게가 아니라 프랑스에서 제대로 배워온 사람이 만드는 디저트 집이다.'

용리단길이 핫해질수록 줄 서야 하는 식당은 늘어나고, 여름에는 더운 날씨에 대기하는 사람들이 많아진다. 식사를 마치고 나오거나 한 잔하고 나온 사람들에게 가볍게 마무리할 디저트는 늘 부족했다.

라쁘띠메종은 핫한 집들과 경쟁하지 않았다. 그들을 찾아온 사람들의 가장 완벽한 마지막 코스가 되기로 했다. 데이트를 위해 일부러 용리단길까지 온 사람들이 특별한 젤라토를 평소보다 쉽게 선택하게 되는 심리, 특별한 하루를 완성하고 싶어지는 심리를 읽은 것이다. 그렇게 젤라토로 유입된 고객들은 매장 한 켠의 초콜릿 쇼케이스를 보고 추가 구매를 하거나 기념일이 다가오면 라쁘띠메종을 가장 먼저 떠올리게 되었다.

라쁘띠메종은 자신의 결핍을 덮지 않았다. 대신 상권의 결핍과 정면으로 마주한 뒤 두 결핍을 완벽히 읽어내고 해결했다. 그 결과, 개인의 약점이 입지의 힘과 결합되며 성장의 발판이 되었다. 결핍을 숨기지 않고 정확히 읽고 배치했을 때 결핍은 가장 강력한 자산이 된다.

이 글의 시작을 열었던 연애 이야기로 다시 돌아가 보자. 장거리 연애를 하다가 가까이 사는 사람과 연애하는 건 분명 장점이다. 하지만 그 조건 하나만으로 좋은 연애가 완성되진 않는다. 대화법, 갈등을 푸는 방식, 서로의 꿈을 응원하는 태도가 함께 있어야 오래간다. 외식업도 마찬가지다. 주차, 매장 평수, 인테리어, 홍보가 모두 중요하지만 결국엔 연애에서 '가까이 산다'와 같은 조건일 뿐이다. 그 위에 맛, 속도, 가격, 친절, 청결 등과 같은 본질이 철저히 지켜져야 한다. 그리고 나만의 매력도 더해져야 한다. 그 매력은 고객이 실제로 느끼는 유효한 매력이어야 한다.

결핍을 단점으로만 보지 말자. 결핍 요소는 장점이 될 수 있다. 장점으로 전환하려면 옳은 분석과 판단이 필수다. 옳은 분석과 판단을 하려면 내가 팔고 싶은 것보다 '사람들이 사고 싶어 하는 것'에 더 깊게, 더 오래 관심을 둬야 한다. 내가 하고 싶은 가게보다 '사람들이 다시 찾고 싶어지는 가게'가 오래간다. 결국 넓은 시야로 본질을 지키는 것 그리고 결핍을 솔직하게 드러내고 현명하게 연출하는 것, 그게 브랜드를 오래가게 한다.

1호점이 대박나면 2호점은 필수일까

이번 이야기는 성공 뒤에 따라오는 무서운 리스크에 대한 것이다.

위기에 대비하고 성공을 이어가는 것은 브랜딩의 일부다. 브랜딩을 영문으로 쪼개어 보면 'brand'라는 단어에 'ing'가 붙는다. 브랜딩이란 늘 진행형(ing)이어야 한다는 의미다.

첫 시작부터 운 좋게 폭발적인 반응을 얻는 것은 축복인 동시에 리스크다. 신메뉴가 입소문을 타고, 미디어와 인플루언서가 붙고, 손님이 몰려드는 순간부터 브랜드는 모든 걸 집어삼키는 강력한 원심력 위에 올라타게 된다. 강력한 중심 콘텐츠가 주변을 빨아들이며 회전력을 키우지만 준비와 구조가 빈약하면 그 회전은 곧 사그라지는 찻잔 속의 태풍이 되고 만다.

문제의 본질은 운이 아니다. 정확한 구조 없이 빠르게 이뤄지는 무한대의 확장이 문제의 본질이다. 예를 들어보자. 좋은 아이템으로 1호점이 성공했다. 대표는 그때 친해진 인플루언서들과 어울려 다니며 그들의 트래픽만 잘 이용하면 다음 사업도 쉽겠다는 생각을 한다. 내친김에 바로 2호점을 차린다. 하지만 안타깝게도 당신은 그들에게 술 잘 사주는 사람들 중 한 명일 뿐이었다. 인플루언서의 유명세에 기대어 무리하게 확장했다가 시스템, 품질, 현장 관리가 따라가지 못해 무너진 사례는 이미 많다.

정확한 구조 설계 없이 1호점의 성공으로 오픈한 2호점. 운영 시스템 미비, 현장 점검 지연, 인력 관리 부실, 고객 피드백 체계 부재, 브랜드 스토리와 공간 경험의 불일치가 쌓이면서 기존 브랜드의 불안정성까지 증폭된다.

불안 요소가 덕지덕지 붙어 태풍이 커지는데도 태풍의 눈인 브랜드 대표는 1차 성공에 도취되어 주변의 경고 신호를 묵살한다. 이 시기에는 직원들도 대표에게 어떤 조언도 하지 못한다. 1차 성공에 확신을 가진 대표는 '지금 밀어붙여야 한다'며 시스템보다 속도를 선택한다. 그 순간 리스크가 지배권을 쥐게 된다.

불안 요소를 관리하는 것이 브랜드 생존의 핵심이다. 운영 리스크를 지표로 만들고 메뉴, 가격, 서비스, 공간, 커뮤니케이션을 하나의 구조로 만들어야 한다. 초반의 운은 시작을 돕지만, 지속은 구조가 만든다.

브랜드가 초반에 빠르게 성장하면 대표는 자신이 가진 아이디어나 감각에 큰 확신을 품게 된다. 문제는 이 확신이 과잉 확신으로 바뀌는 것이다. 과잉 확신은 행동경제학에서 흔히 다루는 심리적 함정으로, 사람은 자신의 능력과 판단을 실제보다 높게 평가하고 위험은 과소평가한다는 것이다. 외식업 창업자들도 마찬가지다. 한 번 크게 성공하면 모든 상황을 같은 방식으로 해결할 수 있다고 착각한다.

특히나 첫 번째 매장에서 성공한 경험을 그대로 믿고 두 번째 매장을 무리하게 확장하는 경우가 많다. '여기서 잘됐으니 저기서도 된다'라는 확신이다. 하지만 입지, 상권, 고객층, 인건비 구조는 모두 다르다. 이 차이를 무시하면 매출은 줄고 고정비만 늘어나 순식간에 위기에 빠진다.

여기서 부끄럽지만 내 이야기를 해보려고 한다. '리틀방콕'이라는 브랜드를 만들고 처음 문을 열었을 때 매일 사람들이 줄을 설 정도로 장사가 잘됐다. 리틀방콕은 지금은 쌍리단길이라는 이름이 생길 정도로 많은 사람이 찾는 쌍문동 골목 어귀에 있었다. 장사가 잘되자 가맹점을 내고 싶다는 사람들이 찾아왔다. 그중 가장 신뢰가 가는 사람과 은평구에 지점을 내기로 했다.

당시 나는 아무도 관심 갖지 않던 어두운 골목길에 혈혈단신 들어가서 이뤄낸 쌍리단길의 성공에 도취되어 있었다. 성공 요인은 골목이라 생각하고 저평가된 골목만 찾아다녔다. 그렇게 찾은 곳은 옆에는 큰 커피 프랜차이즈, 건너편에는 맥도날드가 있는, 비교적 유동 인구가 많은 곳이었다. 조금만 물줄기를 바꾸면 동일한 성공을 거둘 수 있을 것이라 확신했다. 하지만 그것만 보는 바람에 불편한 화장실, 지나치게 도로와 가까운 매장, 좁은 인도 등과 같은 환경적 불리함은 간과하고 말았다. 결국 이곳은 폐점하게 되었다. 나의 부족함이 점주에게 피해로 돌아간 것 같아 지금도 미안한 마음을 지울 수가 없다.

문제는 확증편향이다. 대표가 이미 세운 신념에 맞는 정보만 받아들이고 불리하거나 반대되는 신호는 무시한다. 손님이 "여긴 맛은 있는데 자리가 불편하다"라고 말해도 대표는 '우리 집은 맛으로 승부한다. 오래 앉아 있는 손님은 회전율에 도움이 안 된다'라며 이를 무시한다. 초반에는 손님이 몰리다가 점차 줄어드는 이유를 파악하지 못하고 본질적인 문제를 보지 못하는 것이다.

이런 심리는 결국 독단으로 이어진다. 직원들의 의견을 무시하고, 데이터 검증 없이 본인 생각대로만 운영한다. 순간적인 기세는 유지될지 몰라도 구조적 기반이 없기에 매출 하락과 내부 불만이 동시에 터진다.

외식업에서 브랜드 정체성이 무너지는 사례는 흔하다. 대표적인 예가 "맛은 있는데 다시 갈 이유는 없더라"라는 손님의 말이다. 한 가지 장점만 믿고 그 기세로 오픈한 매장은 초반 반응은 좋다. 그러나 브랜드 스토리, 공간 경험, 서비스, 가격대 포지셔닝이 제대로 설계되지 않으면 손님은 다시 방문하지 않는다. 결국 단골 확보에 실패하고 매출은 급감한다.

치약 브랜드 콜게이트의 냉동식품, 청바지의 대명사 리바이스의 남성 정장, 펩시의 투명 콜라처럼 세계적인 브랜드조차 본래 정체성과 맞지 않는 무리한 확장으로 실패했다. 소비자 기억 속 브랜드의 위치와 맞지 않는 시도를 하면 단기적인 흥미는 얻을 수 있어도 장기적인 신뢰는 잃는다.

창업자들이 자주 빠지는 함정인 '나만의 아이디어'에 대한 과신을 유의해야 한다. 대통령상을 받은 김치를 메뉴에 얹으면 대박이 날 것 같지만, 상권이 맞지 않거나 원가율이 높으면 아무 소용이 없다. 프랜차이즈 본사들도 마찬가지다. 가족 중심의 폐쇄적 운영, 현장 직원 의견 무시, 단기 성과 집착은 결국 가맹점주와 소비자 모두를 떠나가게 만든다.

　이런 리스크를 관리하기 위해 우리는 무엇을 해야 할까? 강한 원심력 자체가 문제되지는 않는다. 문제는 그것을 지탱할 구조가 없다는 점이다. 그러니 첫 번째로 해야 할 일은 브랜드 중심 철학과 메시지, 제품, 서비스, 공간 경험을 서로 단단히 연결하는 것이다. 그래야 손님이 매번 같은 경험을 느끼며 신뢰를 쌓는다.

　예를 들어, 가성비를 강조하는 브랜드라면 메뉴, 가격, 공간, 광고 메시지 모두 그에 맞아야 한다. 어느 한 요소라도 어긋나면 손님은 혼란을 느낀다. 구조적 결속은 이런 요소들이 하나의 그림처럼 어울리도록 만드는 것이다.

　어렵지 않다. 대한민국 외식 업계처럼 단기간에 구조를 갖추기 좋은 분야도 없다. 보통 1호점이 성공하면 2호점을 내는 데 두 달을 잡는다. 그럼 우리는 딱 한 달만 더 준비하면 된다. 물류를 갖추고, 브랜드 매뉴얼을 제작하며, 디자인 기획을 정리해 구조를 더욱 단단하게 다지는 것이다.

　둘째, 브랜드를 지탱하는 힘은 대표의 독단이 아니라 집단 지성에서 나온다는 사실을 잊지 말자. 현장의 직원, 파트너, 고객의 피드백을 빠르게 반영하고 다양한 의견을 받아들이는 조직은 위기에 강하다. 대표가 주변 의견을 수용하지 못하는 이유는 자신감 때문이 아니라 오히려 불안감 때문일 가능성이 높다. 자신 외에는 해결할 사람이 없다고 생각하기 때문에 혼자 승부하려는 것이다.

주변인의 능력을 활용하지 못하는 대표는 브랜드 대표가 아니라 단순히 장사 잘하는 매장의 꽉 막힌 주방장에 불과하다. 혼자 끙끙 싸우다가 망하나 주변인의 말을 믿어보고 망하나 매한가지다. 한 개인이 해낼 수 있는 일에는 한계가 있다. 확장성을 가지려면 좋은 팀원을 채용하고, 팀원을 채용했다면 믿어주고 함께 부딪히며 성장해야 한다.

행운 같은 태풍을 길게 이어가려면 직원들이 자유롭게 의견을 내고, 고객 피드백을 실시간으로 반영하는 문화가 필요하다.

셋째, 원심력 관리의 법칙이 주는 교훈은 단순하다. 초반 기세와 인기만으로는 오래갈 수 없다. 매장의 수익 구조, 상권 적합성, 고객 경험 등을 꼼꼼히 점검해야 한다. 또한 직원들의 의견을 반영하고, 고객 피드백을 적극적으로 수용하는 선순환이 필요하다.

브랜드는 중심의 강화와 확장의 결속을 동시에 설계해야 한다. 국내 장수 브랜드들은 이 원리를 지켰다. 메가커피는 가성비와 접근성으로, 다이소는 일관된 이미지와 품질로 꾸준히 신뢰를 쌓았다. 모두 단기 성과보다 결속과 일관성을 우선한 결과다.

우리는 늘 물어야 한다. 내가 만드는 브랜드는 찻잔 속 태풍인가, 아니면 쉽게 사그라지지 않을 강력한 태풍인가. 빠른 성공 뒤에 숨은 불안의 신호를 감지할 수 있어야 진짜 생존 전략이 시작된다. 초반의 기세와 운을 넘어, 내부 결속과 대화, 현장과 고객의 목소리, 구조를 설계하고 정교하게 확인할 수 있어야 브랜드는 어떤 태풍에도 흔들리지 않는다. 진정한 브랜딩이란 성공의 순간을 멈추지 않고 리스크까지 품어서 내일의 기반으로 새롭게 이어가는 것임을 잊지 말자.

배부른 장군이 되자

외식업은 전쟁터다. 매일 아침 문을 열고 마감할 때까지 우리는 메뉴, 서비스, 재고, 인력이라는 수많은 전선에서 치열한 전투를 벌여야 한다. 이 전투의 승패를 가르는 가장 중요한 무기가 무엇일까? 놀랍게도 사장님 본인의 체력과 감정 관리다. 나와 장사 권프로는 수년간 수많은 자영업자를 만나 상담을 하면서 이 부분이 무너지며 모든 것이 망가져버리는 많은 상황을 지켜봐왔다. 우리는 이것을 방지하기 위한 솔루션을 만들고 이를 '배부른 장군의 법칙'이라 부른다. 마지막에 다루게 되었지만, 이 책에서 가장 중요한 브랜딩 법칙이다.

‘배부른 장군이 되라’는 말은 당신의 컨디션, 자기 관리 능력을 우선시하라는 말이다. 장군이 체력과 감정을 돌보지 못해 현실에 지쳐 무너지면 그 부대(브랜드)의 미래는 없다. 물론 병사들과 동일한 환경에서 그들보다 더 강인하게 버텨내고 이겨내는 모범적인 사장의 모습이라면 너무 좋겠지만 현실에서 그러기는 쉽지 않다. 춥고 배고파진 장군은 병사들과 똑같이 전쟁의 승리보다 ‘집에 가고 싶다’, ‘포기하고 싶다’는 생각을 하게 된다. 운영자가 지쳐서 매장을 운영한다면 그 긴장감과 피로가 직원들에게 그리고 결국 고객에게까지 고스란히 전염된다.

사장님은 하루에도 수없이 많은 결정을 내려야 한다. 오늘은 물건을 얼마나 주문할지, 직원의 스케줄을 어떻게 조정할지, 심지어는 메뉴의 작은 변화까지 매일매일 결정의 연속이다. 심리학자들은 이렇게 수많은 결정을 반복할수록 정신적 에너지가 소모되어 나중에는 의사결정의 질이 급격히 떨어진다고 말한다. 이것이 바로 결정 피로(decision fatigue)다.

우리가 피곤하고 감정적으로 약해지면 중요한 순간에 브랜드의 핵심 가치와 무관한 성급한 결정을 내리게 된다. 예를 들어 원가 절감을 위해 싼 재료로 변경한다든가, 고객 불만에 충동적으로 대응하게 된다. 심지어 결정을 아예 회피해버릴 수도 있다.

손님에게 늘 웃고, 클레임에도 친절하게 응대하며, 직원들에게 일관된 서비스 기준을 유지하게 하는 건 엄청난 정신적 에너지를 요구하는 일이다. 이는 감정을 억제하고 충동을 조절하는 자기 통제 자원을 사용하기 때문이다. 이 자원을 계속 사용하면 '자기 통제 고갈(ego depletion)'로 나중에는 충동 조절이나 감정 억제가 어려워진다. 만약 사장님이 자기 돌봄을 등한시하여 자기 통제 자원이 바닥난다면 리더십 신뢰에 문제가 생기는 것은 물론 고객 앞에서 짜증을 내거나 일관된 서비스 품질을 유지하지 못해 브랜드의 질 자체가 저하될 수 있다.

전쟁에서 무조건 승리하는 배부른 장군님이 되기 위해 다음을 꼭 지켜야 한다.

첫째, '온시', 즉 온전히 나만을 위한 한 시간을 만들어라. 나는 항상 지치지 않고 싸우기 위해 '온시'를 지키려고 노력한다. '온시'는 몸과 마음을 리셋하기 위한 시간이다. 일을 하거나 학습을 하는 시간이 아니다. 일과 완전히 상관없는 상태로, 사람과 연락도 차단한 채 오직 나만을 위해 하루 한 시간씩 내는 시간이다. 이 '온시'를 의식적으로 만들고 루틴화하라.

어느 날 춘천의 한 감자탕집 사장님에게 듣고 이 개념을 떠올리게 되었다. 그분은 1년 365일 브레이크 타임이 되면 빠르게 식사를 마치고 뒤도 돌아보지 않은 채 곧장 볼링장으로 향한다고 했다. 그 이야기를 듣는 순간 깨달았다. 나는 하루에 단 한 시간도 온전히 나를 위해 써본 적이 없었다는 사실을 말이다.

‘온시’는 사치가 아니다. 전쟁터에 다시 나가 이기기 위해 장군이 숨을 고르는 시간이다.

둘째, 작은 결정을 줄여라. 결정 피로를 방지하기 위해 매일 반복되는 사소한 결정(메뉴 구색, 직원 배치 등)을 최소화하고, 아주 기본적인 룰이나 프로세스를 정해 매뉴얼화해야 한다. 운영자가 모든 일을 혼자 하려고 하지 말고, 매뉴얼화하거나 직원에게 위임하여 자기 통제 고갈을 막아야 한다. 매일 열심히 결정하려 노력하기보단 반복되는 결정들을 패턴화하는 데 한 번이라도 제대로 시간을 투자해야 한다. 그렇게 아낀 시간에 좀더 편하게 자신을 돌봐라.

셋째, 아껴낸 시간으로 미래를 설계하라. 전쟁에서는 하루 만에 계획 없이 이길 수도 있다. 하지만 사업은 다르다. 사업은 무조건 장기전이고, 장기전에서는 계획 없이 이길 수 없다. 앞의 두 원칙을 통해 우리는 시간을 만들어냈다. 이제 그 시간을 반드시 월 단위, 연 단위의 계획에 써야 한다. 매일 반복되는 업무에 파묻혀 살다 보면 오늘 매출만 보게 되고, 어느새 내가 왜 이 일을 하고 있는지조차 잊게 된다.

오늘을 버티는 방법만큼 1년 뒤에도 이 브랜드가 살아남기 위해 무엇을 준비해야 하는지를 고민해야 한다. 그 계획은 머릿속에만 두지 말고, 나 자신과 함께 일하는 사람들에게 설명할 수 있을 만큼 분명해야 한다. 그래야 브랜드는 우연이 아니라 의도를 가지고 성장한다.

아껴낸 시간은 휴식만으로 끝나서는 안 된다. 그 시간은 다음 전투를 준비하는 작전 회의 시간이다.

넷째, 전쟁의 명분을 지켜라. 이 전쟁에서 지게 되면 구성원 모두의 삶이 흔들린다든지, 내가 도망치면 내 옆의 전우가 대신 무너진다든지, 이 전쟁에서 지면 내가 살아온 그리고 앞으로 살아가야 할 터전 자체가 사라진다든지. 이런 대의명분이 없는 전쟁에서는 병사들을 앞으로 진격시킬 수 없다. 사람은 이유 없이 버티지 않는다. 명분 없는 전쟁은 시작할 수는 있어도 끝까지 갈 수는 없다.

외식업도 마찬가지다. 전쟁의 명분이 곧 브랜드다. 왜 이 브랜드를 시작했는지, 무엇을 지키기 위해 이 일을 하고 있는지에 대한 이유가 분명하지 않다면 그 브랜드는 결국 오늘 매출에만 매달리는 소모전의 현장으로 변한다. 그렇게 불타오르다 사라질 뿐이다. 직원도, 동업자도, 심지어 사장 자신조차 끝까지 함께 갈 이유를 잃게 된다.

사장은 매출만 만드는 사람이 아니다. 이 브랜드를 만들고, 발전시키고, 지켜내며, 결국 그 전쟁의 승리를 누려야 할 사람이다. 매 순간의 선택 앞에서 이 결정이 우리의 명분(브랜드)을 지키는 일인지 스스로에게 물어야 한다. 그 질문을 멈추는 순간, 전쟁은 이미 흔들리기 시작한다.

결국 죽지 않고 살아서 전리품을 가득 싣고 고향으로 당당히 돌아와야 진짜 배부른 장군이다. 이 책을 읽는 모든 사람이 그런 배부른 장군으로 살아남기를 바란다.

브랜드는 무엇을 얼마나 팔았느냐라는 결과만으로 기억되지 않는다. 무엇을 위해 그 많은 희생과 노력을 견뎌왔는지 또한 함께 기억된다. 브랜드를 활용한 사업이라는 장기전을 이기고 싶다면 전쟁의 명분을 다시 정립하고 끝까지 지켜내라.

지치지 말고 포기하지 말고 꼭 이겨내라. 브랜드의 승리를 위해 생존이라는 전쟁 속에서 희생해온 많은 것을 생각해서라도 말이다.

브랜딩 실전 워크북

브랜딩은 머리로만 이해한다고 끝나는 것이 아니다. 내 것에 적용해보고, 실천해야 나만의 브랜딩이 탄생할 수 있다. '브랜딩 실전 워크북'은 외식업이라는 치열한 전쟁터에서 내 브랜드를 지키고 성장시키기 위해 지금 당장 매장에 적용해야 할 '생존의 기준'들이다. 본문에서 다뤘던 27가지 브랜딩 법칙에 따라 정리했다. 스스로에게 냉정하게 묻고, 직접 답해보자.

1. 스토리 법칙

작은 브랜드의 무기는 규모가 아니라 서사다. 우리만의 이야기가 없으면 경쟁할
수 없다.

- 왜 사업을 시작했는지 한 문장으로 말할 수 있습니까?

- 고객이 당신의 창업 이유를 이미 브랜딩된 매체(메뉴판, SNS 등)를 통해 알고 있
  습니까?

- 음식의 맛을 넘어, 이 가게를 운영하는 '사람'에 대한 기억을 심어주는 장치가 있
  습니까?

- 사업을 시작한 진짜 이유와 가장 힘들었던 순간을 세 줄로 정리해보세요.

- 그 스토리를 메뉴판 첫 장이나 매장 내 고객의 시선이 머무는 곳에 노출하세요.

2. 존재호명 법칙

이름 붙이지 않은 노력은 아무 노력도 하지 않은 것과 같다. 호명되는 순간 나만의 자산이 된다.

Check 체크

· 매일 집요하게 반복하는 수고로움에 이름을 붙여주었습니까?

· 고객이 내 노력을 알아주기만 기대하며 묵묵히 일만 하고 있지는 않습니까?

· 옆 가게와 비교해 내 브랜드가 나은 이유(차별화 요소)를 언어로 명확히 설명할 수 있습니까?

Action 실행

· 매일 반복하는 사소하지만 꾸준한 행동 다섯 가지를 적어보십시오.

· 그중 하나에 소중하게 이름을 붙이고, 이를 매장의 브랜드 스토리로 노출하십시오.(예: 48시간 숙성 자가제면)

3. 인지선점 법칙

느낌만으로는 기억에 남지 않는다. 고객의 머릿속에 들어갈 명확한 '한 문장'을 선점하라.

Check 체크

· 손님이 가게를 나설 때 친구에게 우리 집을 뭐라고 설명할지 명확히 떠오르십니까?

· 모든 직원이 고객에게 우리 브랜드의 장점을 동일한 멘트로 설명하고 있습니까?

· 고객이 입 밖으로 쉽게 말할 수 있는 짧고 직관적인 설명 문구가 있습니까?

Action 실행

· '우리 집은 [   ]한 곳이다'라는 핵심 문장을 단 10자 내외로 완성하십시오.

· 그 문장을 메뉴판 첫 장, 매장 입구, SNS 프로필에 반복적으로 노출시키십시오.

4. 가치 일관성 법칙

브랜딩은 멋이 아니라 타협하지 않는 기준을 세우는 것이다. 타협하는 순간 무너진다.

Check 체크

- 바쁘다는 핑계로 고객에게 제공하는 서비스나 품질의 기준을 낮춘 적이 있습니까?

- 당장의 매출을 위해 브랜드의 원칙을 바꾸거나 접은 적이 있습니까?

- '이번 한 번은 괜찮겠지'라고 스스로 합리화하고 있지는 않습니까?

Action 실행

- 우리 브랜드에서 '절대 양보할 수 없는 소신'을 한 문장으로 정하십시오.

- 그 문장을 전 직원과 공유하고, 제대로 지켜지는지 매주 점검하십시오.

5. 콘셉트 블렌딩 법칙

이름은 설명이 아니라 호기심을 유발하는 질문이어야 한다. 고객의 뇌를 0.5초 멈추게 하라.

• 가게 이름이나 메뉴명이 너무 뻔해서 아무런 설명도 필요 없는 평이한 단어입니까?

....

• 고객이 이름이나 슬로건을 듣고 '여긴 어떤 곳일까?' 하는 호기심을 보입니까?

....

• 이름에서 생긴 궁금증을 공간과 메뉴의 경험으로 잘 해소해주고 있습니까?

....

• 우리 업종과 전혀 어울리지 않을 것 같은 이질적인 형용사나 명사를 하나 골라 결합해보십시오.(예: 얌전한 이자카야, 게으른 국밥)

....

• 사이니지나 인테리어 요소를 통해 그 궁금증을 긍정적으로 해소할 장치를 마련 하십시오.

....

6. 비설득 법칙

설득은 고객의 방어기제를 부른다. 강요하지 말고 스스로 선택하게 만들어야 신뢰를 얻는다.

Check 체크

· 고객의 니즈를 파악하기도 전에 내가 팔고 싶은 것을 먼저 강요하지 않습니까?

· 고객의 요청에 "규정상 안 됩니다"라고 거절부터 하고 있지는 않습니까?

· '설득'과 '권유'의 차이를 정확히 이해하고 영업에 적용하고 있습니까?

Action 실행

· 자주 발생하는 고객의 거절이나 요청 사항 세 가지를 정리하십시오.

· "안 됩니다" 대신 "이렇게 해드리면 어떨까요?"라는 긍정적인 대안(선택지) 멘트를 만들어 직원 교육에 반영하십시오.

7. 리버스 포지셔닝 법칙

상식에 안주해서는 주목받을 수 없다. 모두가 정답이라 믿는 관행을 거꾸로 뒤집어 의외성을 만들어라.

· 새로운 도전이 불안해서 관성적 구조를 유지하고 있지는 않습니까?

· 남들이 다 하니까 아무런 철학 없이 그저 따라 하고 있는 관행이 있습니까?

· 그 반대 행동을 했을 때 고객에게 전달될 긍정적인 메시지가 무엇인지 아십니까?

· 업계에서 '절대 깨면 안 된다'고 믿는 불문율 하나를 적어보십시오.

· 그 방법을 거꾸로 시도해야 할 합리적 이유를 찾고, 리스크가 적은 작은 시도부터 해보십시오.

8. 승격의 법칙

무조건 큰물로 간다고 대형 브랜드가 되는 것은 아니다. 지금 있는 자리에서 1등 (기준)이 되는 것이 우선이다.

· 당신의 매장은 현재 있는 상권에서 '○○ 하면 이 집'으로 가장 먼저 떠오르는 1등 입니까?

· 내부 시스템 점검이나 자기 객관화 없이, 평수 확장이나 중심 상권으로의 이전 만 꿈꾸고 있지는 않습니까?

· 작은 시장에서조차 대체 불가능한 존재가 되지 못했습니까?

· 당장 상권을 옮기지 않고, 지금 머물고 있는 곳에서 브랜드의 깊이를 더할 요소 세 가지를 적으십시오.

· 이를 한 달에 하나씩 매장에 개선 적용하십시오.

9. 독점 법칙

독점은 유일한 것을 발명하는 것이 아니라 고객이 원하지만 남들이 쉽게 따라 하지 못하는 것을 선점하는 것이다.

· 우리 매장의 유일한 경쟁력이 '저렴한 가격'이나 '많은 양'뿐입니까?

· 경쟁 가게가 당장이라도 우리 메뉴나 서비스를 그대로 베낄 수 있습니까?

· 나만의 기술, 특별한 스토리, 독특한 운영 구조 중 하나라도 확고하게 갖추고 있습니까?

· 고객 리뷰나 상권 분석을 통해 남들이 안 하지만 우리는 채워줄 수 있는 매력 포인트 하나를 찾으십시오.

· 그 요소를 브랜드 내·외부 전면에 적극적으로 드러내십시오.

10. 약자 진정성 법칙

완벽한 강자는 질투를 받지만 고군분투하는 약자는 응원을 받는다. 결핍을 극복하려는 태도가 팬을 만든다.

Check 체크

- 작은 매장 규모나 부족한 시스템 등 약점을 감추기 위해 과장되게 포장하고 있지는 않습니까?

- 실수나 실패를 고객에게 숨기려고만 합니까?

- 더 나아지기 위해 노력하는 땀방울을 고객에게 솔직하게 보여주고 있습니까?

Action 실행

- 누구나 겪어봤을 법한 현실적인 매장의 한계나 어려움 하나를 의도적으로 인정하십시오.

- 그 약점을 보완하기 위해 매일 고군분투하는 과정을 솔직하게 보여주십시오.
  (예: 좁은 주방에서 육수 끓이는 모습)

11. 맥락 재구성 법칙

본질은 그대로 두되, 그것이 놓이는 무대(맥락)를 바꿔 새로운 가치와 가격을 창출하라.

- 매출이 떨어졌을 때 제품의 맥락은 돌아보지 않고 상권이나 고객 탓만 하고 있지는 않습니까?

- 당신이 가진 상품의 진짜 장점을 정확하게 파악하고 있습니까?

- 현재 상품을 판매하는 방식(맥락)이 충분히 매력적이라고 생각합니까?

- 우리 매장의 핵심 메뉴를 다른 관점으로 재해석할 방법을 고안하십시오.(예: 간식 → 선물용, 가성비 → 치유의 한 끼)

- 나와 비슷한 메뉴를 더 높은 가격에 파는 매장을 방문해보고, 그에 맞춰 우리 메뉴의 설명 문구와 플레이팅을 수정하십시오.

12. 네이밍 리셋 법칙

이름은 고객이 브랜드를 바라보는 관점을 결정하는 방향키다. 모호한 이름은 인지도 흐릿하게 만든다.

· 가게 이름이 단순히 메뉴명 나열(예: ○○식당, ○○한끼) 수준에 머물러 있습니까?

· 이름에 브랜드의 철학이나 감정적 언어가 빠져 있지는 않습니까?

· 고객이 간판만 보고도 어떤 경험을 할 수 있을지 한번에 기억하기 쉽습니까?

· 우리 브랜드의 정체성과 고객에게 주고 싶은 가치를 한 문장으로 정리하십시오.

· 그 문장의 느낌을 가장 잘 담아낼 수 있는, 방향성이 뚜렷한 새로운 이름 세 가지를 적어보십시오.

13. 오감 체험 법칙

말로 하는 설명은 쉽게 잊히지만, 시·청·후각 등 직관적으로 설계된 오감의 장면은 깊게 각인된다.

Check 체크

- 매장에 들어섰을 때 즉각적으로 느껴지는 우리 집만의 냄새, 소리, 시각적 특징이 있습니까?

- 조리 과정의 역동성을 꽁꽁 숨겨두어 고객의 시각적 기대감을 차단하고 있지는 않습니까?

- 어떤 감각이 우리 매장에서 가장 강력하게 느껴집니까?

Action 실행

- 시각, 청각, 후각 중 어느 것 하나라도 놓치지 말고 의도적으로 세팅하십시오.

- 숯불 타는 소리, 고기 굽는 향, 포근한 조명 톤처럼 우리 브랜드의 스토리와 연계된 감각적 장치를 당장 설계하십시오.

14. 내부자 경험 디자인 법칙

손님을 무대 밖 관객이 아닌, 무대 뒤의 내부자로 초대할 때 압도적인 충성도가 생긴다.

Check 체크

- 모든 손님을 그저 똑같은 '돈 내는 소비자'로만 대하고 있지는 않습니까?

- 단골손님만 알 수 있는 우리 가게의 비밀스러운 요소나 히든 메뉴가 있습니까?

- 일반 고객과는 다른, 단골만을 위한 차별화된 응대 매뉴얼이 있습니까?

Action 실행

- 단골손님에게만 살짝 알려주거나 제공할 수 있는 우리 매장만의 작은 혜택을 설계하십시오.(예: 비법 소스, 자투리 서비스)

- 손님이 특별 대우를 받는다고 느낄 수 있는 스몰토크 멘트를 직원들과 연습하십시오.

15. 고객 참여 법칙

브랜드의 결정 과정에 고객을 참여시켜라. 고객은 자신이 기여한 브랜드를 '내 것' 처럼 아낀다.

Check 체크

- 매장의 중요한 결정을 내리기 전, 고객에게 먼저 의견을 묻고 소통해본 적이 있습니까?

- 매장이나 SNS에 고객의 피드백을 수집할 수 있는 명확한 장치가 마련되어 있습니까?

- 피드백을 그저 듣고 흘리는 것이 아니라 구체적으로 기록하고 반영합니까?

Action 실행

- 다음 시즌의 신메뉴 이름이나 서비스 방식을 SNS 투표 등을 통해 고객이 직접 정하게 유도하십시오.

- 수집된 피드백으로 무엇을 개선했는지 고객에게 반드시 알려주십시오.

16. 노동 치환 법칙

나의 노동이 고객에게 즐거운 놀이가 된다면 그것은 입체적 경험으로 바뀐다.

Check 체크

- 단순히 내 인건비를 줄이려는 목적으로 고객에게 귀찮은 셀프 서비스를 세팅했습니까?

- 고객이 직접 참여하는 과정에서 짜증을 내거나 귀찮아하지는 않습니까?

- 고객의 참여 행위에 '보상'이나 '재미 요소'가 완전히 빠져 있지는 않습니까?

Action 실행

- 직접 참깨를 갈거나 고기를 굽는 등 고객이 재미를 느낄 수 있는 자율적인 참여 요소를 메뉴에 추가하십시오.

- 단순한 노동이 아니라 '직접 만들어 먹는 경험'으로 느껴지도록 안내 문구를 세팅하십시오.

17. 과정 공유 법칙

고객은 완성된 결과물만큼이나 이 지점까지 오기 위해 흘린 땀과 고민의 과정을
궁금해한다.

Check 체크

• SNS나 매장에 아무런 맥락 없이 예쁘게 포장된 완성 결과물 사진만 덩그러니 올
리고 있습니까?

• 메뉴를 개발하며 겪은 실패나 고민의 과정을 부끄럽다며 숨기고 있지는 않습니
까?

• 매일의 지루한 준비 과정을 보여주는 것이 두렵거나 귀찮습니까?

Action 실행

• 당장 오늘 신메뉴를 테스트하거나 재료를 준비하는 과정을 3단계(기획-실패-보
완)로 나누어 고객에게 공개하십시오.

• 가게 문을 열기 전, 오픈을 준비하는 치열한 주방의 장면을 기록해보십시오.

18. 기록 누적 법칙

기록이 없는 브랜드는 신뢰를 얻을 시간도 방법도 없다. 누적된 기록은 그 자체로 브랜드 자산이 된다.

Check 체크

- 최소 1년간 매장이 어떻게 변해왔는지 엿볼 수 있는 꾸준한 아카이브(기록)가 존재합니까?

- SNS가 그저 할인 행사나 휴무일을 알리는 메마른 알림판으로 전락하지 않았습니까?

- 브랜드를 운영하는 대표로서의 고민과 철학을 어딘가에 남기고 있습니까?

Action 실행

- 매주 1회, 일정한 요일과 시간에 브랜드의 운영 일기(기록)를 작성하십시오.

- 단순 홍보가 아닌 '고민'과 '해결 과정'을 중심으로 글을 남기고 이를 온·오프라인에 투명하게 공개하십시오.

19. 선택의 역설 법칙

선택지의 수가 많을수록 고객은 불행해진다. 우리의 강력한 장점에 고객의 감각을 집중시켜라.

- 고객이 우리 매장에 오면 '뭘 잘하는 집이지?'라며 대표 메뉴를 명확히 인지하지 못합니까?

- 구색 맞추기용 하위 메뉴들 때문에 고객이 주문할 때 너무 오래 고민하지 않습니까?

- 판매 데이터를 바탕으로 정기적으로 메뉴판을 정리하고 있습니까?

- 최근 3개월 기준, 전체 판매량의 하위 20퍼센트를 차지하는 메뉴를 과감하게 없애십시오.

- 가장 자신 있는 대표 메뉴를 메뉴판 최상단에 전면 배치하고 'BEST' 표시를 달아주십시오.

20. 차애경 법칙

풍경을 빌려오라. 창밖의 뷰나 매장 안의 일상적인 신(scene)은 가장 강력하고 돈 안 드는 브랜드 자산이다.

Check 체크

· 고객의 자리에서 창밖으로 무엇이 보이는지 직접 체크해본 적이 있습니까?

· 입지와 환경이 가진 공짜 장점을 인테리어에 방해받아 놓치고 있습니까?(예: 나무, 골목길, 노을)

· 비싼 소품에만 집착하느라 정작 공간이 주는 개방감이나 빛을 차단하고 있지 않습니까?

Action 실행

· 매장 주변 환경에서 고객이 사진을 찍고 싶어 할 만한 시각적 장점 세 가지를 적으십시오.

· 그 장점이 잘 보이도록 테이블 배치를 바꾸거나 메뉴 스토리에 녹여내십시오.

21. 불편 자산 법칙

모두가 귀찮아하고 피하는 고객의 불편함을 내가 대신 해결해줄 때 그것은 독보적인 자산이 된다.

Check 체크

- 고객이 우리 업종, 우리 매장에서 느끼는 가장 귀찮고 불편한 점이 무엇인가요?

- 남들을 따라서 혹은 내 편의를 위해 그 불편을 방치하고 있지는 않습니까?

- 불편함을 수집하려는 노력 자체를 회피하고 있지는 않습니까?

Action 실행

- 매일 고객이 느끼는 불편 사항을 접수할 창구를 마련하십시오.(예: 설문조사, 리뷰 분석)

- 리스트업된 불편 자산 중 가장 해결하기 귀찮은 것을 골라 당장 이번 주부터 대신 해결하는 서비스로 전환하십시오.(예: 캠핑장 뒷정리, 뼈 발라주기)

22. 덧칠 효과 법칙

본질을 다 바꾸려 하지 말고 겉포장만 살짝 수정하라. 고객의 익숙함 위에 새로움을 덧입히는 것이 핵심이다.

· 매출이 정체됐다고 메뉴나 인테리어를 전면적으로 뜯어고칠 무리한 계획부터 세우고 있습니까?

· 변화에 대한 두려움 때문에 아무런 시도 없이 수년째 똑같은 모습을 유지합니까?

· 단골손님이 이질감을 느끼지 않을 작은 변화가 무엇인지 파악하고 있습니까?

· 식기, 조명, 유니폼, BGM 등 본질(맛, 서비스)을 해치지 않는 요소 하나를 이번 주에 교체하십시오.

· 교체 후 2주간 단골손님들의 반응을 유심히 관찰하고 피드백을 수용하십시오.

23. 낯선 결합 법칙

전혀 어울리지 않을 것 같은 익숙함과 낯섦을 결합하여 고객의 뇌를 자극하고 호기심을 유발하라.

- 우리 매장의 메뉴나 콘셉트가 너무 무난해서 고객이 굳이 기억해야 할 이유가 없습니까?

- 의외성이 전혀 없어, SNS에 사진을 찍어 올릴 만한 '찍을 거리'가 전무합니까?

- 남들이 이미 성공한 뻔한 공식이나 조합만 그대로 베끼고 있습니까?

- 가장 평범하고 대중적인 대표 메뉴에 전혀 예상 밖의 식재료나 콘셉트를 더한 신메뉴를 하나 기획하십시오.(예: 떡볶이 + 치즈 퐁듀)

- 메뉴판과 SNS에 왜 이 낯선 조합을 만들었는지 이유를 설명해 호기심을 풀어주십시오.

24. 14.0(기준 가격) 법칙

가격은 브랜드의 품질을 대변하는 선언이다. 무조건 싼 것이 아니라 합리적인 신뢰 구간(칩 프리미엄)을 점유하라.

Check 체크

- 경쟁 매장을 이기기 위해 제 살 깎아 먹기식 저가 경쟁만 고집합니까?

- 우리 매장의 가격을 결정한 명확한 기준이 있습니까?(예: 타깃 고객의 심리적 상한선, 상권 평균)

- 고객이 가격표를 보고 '이 돈을 내고 먹을 만하다'고 고개를 끄덕일 합리적 명분을 제공하고 있습니까?

Action 실행

- 주변 상권의 동종 업계 평균 객단가를 조사하고 타깃 포지션을 선택하십시오.

- 단순 단품이 아니라 가격 대비 압도적 만족감을 줄 수 있는 기준 가격(예: 1만 4,000원 선)의 세트, 한 상 메뉴를 설계해 문장으로 이유를 적어두십시오.

25. 퍼펙트 타이밍 법칙

타이밍은 감이 아니다. 관찰이 만든 준비다. 고객이 말하기 전에 먼저 찾아 니즈를
채워라.

• 상권 유동 인구의 특성을 파악했습니까?

• 상권에 없는 메뉴를 알고 있습니까?

• 이미 정점인 유행을 뒤따라가기 위해 공을 들여 준비하고 있지 않습니까?

• 최근 1, 2년 사이 늘어난 업종과 사라진 업종을 기록하고 분류해보십시오. 그리
고 현재 상권에 비어 있는 포지션도 하나 찾으십시오.

• 타지역 유사 상권에서 검증된 아이템을 조사하고 우리 상권에 없거나 있어도 제
대로 운영되지 않는 틈을 찾아 선점하십시오.

26. 결핍 착시(결핍 테스트) 법칙

'평수만 넓히면', '주차장만 있으면' 잘될 거라는 핑계는 감정이다. 문제를 잘게 쪼개어 가볍게 테스트하라.

· 상권이 안 좋아서, 경기가 나빠서 장사가 안 된다고 외부 환경 탓만 하고 있습니까?

· 큰돈을 들여 매장을 확장하거나 리모델링하면 모든 문제가 해결될 거라 맹신하고 있습니까?

· 불안한 마음에 정확한 데이터 검증 없이 성급하게 큰 결정을 내리려 합니까?

· 가장 해결하고 싶은 문제(결핍)를 쪼개어, 큰돈 들이지 않고 테스트할 수 있는 3일짜리 미니 실험을 기획하십시오.

· 감이나 감정이 아니라 실험을 통해 얻은 고객의 반응(데이터)으로만 다음 행동을 판단하십시오.

27. 원심력 관리 법칙

구조와 매뉴얼이 없는 확장은 결국 붕괴를 부른다. 1호점의 성공에 취해 시스템 없이 성급히 속도를 내지 마라.

Check 체크

- 사장인 당신이 하루라도 가게를 비우면 매장 운영이 마비되거나 품질이 떨어집니까?

- 일관된 맛과 서비스를 유지할 수 있는 서면화된 매뉴얼이 존재합니까?

- 직원들이 스스로 매장을 관리할 수 있는 명확한 교육 체계가 갖춰져 있습니까?

Action 실행

- 2호점을 오픈하겠다는 생각을 당장 멈추고, 레시피부터 오픈과 마감 청소까지 매장의 핵심 업무를 문서화하십시오.

- 완성된 매뉴얼만으로, 대표 없이 매장이 완벽하게 돌아갈 수 있는지 일주일간 점검해보십시오.

플러스. 배부른 장군의 법칙(마인드셋)

전쟁(장사)을 이끄는 장군(사장)이 체력과 감정을 소진하면 결국 부대(브랜드)는 무너진다. 결정 피로를 줄이고 나 자신을 돌보라.

Check 체크

· 하루 24시간 가게 생각만 하느라 나를 충전하는 시간은 단 1분도 없습니까?

· 지쳐서 손님에게 짜증을 내거나 음식의 기준과 타협해버린 순간이 있습니까?

· 매일 쏟아지는 자잘한 결정들에 지쳐, 1년 뒤 브랜드의 미래를 그리는 작전 타임을 잃어버렸습니까?

Action 실행

· 오늘부터 하루 딱 한 시간, 일과 멀어진 채 사람과 연락도 완전히 차단하고 나만을 위해 쓰는 시간('온시')을 스케줄표에 고정하십시오.

· 매일 반복되는 사소한 결정은 매뉴얼에 위임하고, 확보된 에너지로 브랜드가 살아남아야 할 명분과 장기 계획을 다시 적어보십시오.

"브랜딩은 거창한 마케팅 기술이 아닙니다."

"이 워크북에 남겨질 당신의 치열한 고민과

실행의 흔적들이 쌓여,

결코 무너지지 않는 단 하나뿐인

당신만의 무기가 될 것입니다."

참고문헌

강민호,《브랜드가 되어간다는 것》, 턴어라운드

국도형,《퍼스트 브랜딩》, 떠오름

권정훈(장사권프로),《처음 하는 장사 공부》, 라곰

김영욱,《당신은 이미 브랜드입니다》, 천그루숲

김용석,《작은 기업을 위한 브랜딩 법칙 ZERO》, 처음북스

다이앤 애커먼,《감각의 박물학》, 백영미 옮김, 작가정신

드로우앤드류,《럭키 드로우》, 다산북스

러셀 브런슨,《브랜드 설계자》, 홍경탁 옮김, 윌북

마크 W. 셰퍼,《인간적인 브랜드가 살아남는다》, 김인수 옮김, 알에이치코리아

마티 뉴마이어,《브랜드 갭》, 김한모 옮김, 알키

모나 숄레,《마녀》, 유정애 옮김, 마음서재

배리 슈워츠,《선택의 심리학》, 형선호 옮김, 웅진지식하우스

블레이크 스나이더,《SAVE THE CAT! : 흥행하는 영화 시나리오의 8가지 법칙》, 이태선 옮김, 비즈앤비즈

빌 비숍,《핑크펭귄》, 안진환 옮김, 스노우폭스북스

사이먼 시넥,《스타트 위드 와이》, 윤혜리 옮김, 임팩터

샐리 호그셰드,《세상을 설득하는 매혹의 법칙》, 이한이 옮김, 오늘의책

손힘찬,《평범이 곧 무기다》, 히웃

오영욱, 《오기사, 행복을 찾아 바르셀로나로 떠나다》, 예담

이근상, 《이것은 작은 브랜드를 위한 책》, 몽스북

이랑주, 《좋아 보이는 것들의 비밀》, 지와인

이상훈, 《창업가의 습관》, 좋은습관연구소

임태수, 《날마다, 브랜드》, 안그라픽스

잭 트라우트, 앨 리스, 《포지셔닝》, 안진환 옮김, 을유문화사

조쉬(김승권), 《나는 솔로프리너다》, 이오스튜디오

최장순, 《본질의 발견》, 틈새책방

칩 히스, 댄 히스, 《스틱!》, 안진환, 박슬라 옮김, 웅진지식하우스

커밍쏜, 《퇴사 후 나를 브랜딩합니다》, 알에이치코리아

호소다 다카히로, 《컨셉 수업》, 지소연, 권희주 옮김, 알에이치코리아

홍성태, 《브랜드로 남는다는 것》, 북스톤

홍지운, 《시나리오 레시피》, 요다

처음 하는
브랜딩 공부

초판 1쇄 발행 2026년 4월 15일

지은이 권정훈, 김도현
펴낸이 최지연
편집 강경선
마케팅 강민지, 하승예, 정인혜, 김경민
경영지원 강미연
디자인 표지 [★]규, 본문 수오
교정교열 윤정숙

펴낸곳 라곰
출판신고 2018년 7월 11일 제 2018-000068호
주소 서울시 마포구 마포대로 49 1106호
전화 02-6949-6014 팩스 02-6919-9058
이메일 book@lagombook.co.kr

ⓒ 권정훈 · 김도현, 2026

ISBN 979-11-93939-52-9 03320